China Tourism Review

2022 第四辑

中国旅游评论

中国旅游研究院 主编

旅游标准化建设

Standardization Construction of Tourism

中国旅游出版社

《中国旅游评论》编委会

《中国旅游评论》编辑部

《中国旅游评论》支持单位

主编寄语

旅游业高质量发展需要标准引领

从1988年国家旅游局在行业内推出《旅游涉外饭店星级标准》开始，我国旅游标准化已经走过了30多年的历程，对于引领行业发展、提升旅游管理与服务水平起到了重要作用。从2010年开始的旅游标准化试点工作，到现在也执行有10余年，已经成为旅游标准工作的重要抓手。但在一个市场需求日新月异，新产品、新业态、新商业模式不断涌现，甚至连旅游概念也在被重构的时代，旅游标准还能起什么作用？旅游标准工作下一步该怎么办？亟须从实践中加以认识，从理论上予以回应。

本辑评论聚焦旅游标准化主题，既有对饭店、旅行社、景区等传统领域标准的研究，也有对世界级旅游城市、旅游度假区、露营等新领域、新业态标准的讨论，还有对旅游标准化试点示范工作、国际旅游标准发展的系统梳理；既有从宏观上对如何贯彻落实标准化发展纲要的思考，也有从微观上旅游等级标准消费者认知的调查，以及对博物馆观众调查标准体系的探索。通过阅读本辑文章，我们可以发现，旅游标准本质上是对实践的概括和提升，不管市场和产业怎么变化，只要能够从中抽离出普遍适用且代表发展方向的实践，则标准自然立得住并能发挥其作用。

自2020年以来，新冠肺炎疫情对旅游业形成了持续的冲击，但在以习近平同志为核心的党中央坚强领导下，在文化和旅游部党组的积极调控下，我国旅游业基本面总体上保持了稳定。随着疫情防控形势的变化，我们对即将到来的2023年旅游业持谨慎乐观的预期，在这种情况下，旅游标准也将迎来更大发展空间。

冬天过了，春天就会到来。

目 录
CONTENTS

世界级旅游城市的数据审读、游客视角和进阶方略①

中国旅游研究院 院长 戴 斌

一、城市、城市旅游和旅游城市，我们说的是一回事吗

虽然有北京发起的世界旅游城市联合会，还有郑州每两年举办一次的世界旅游城市市长论坛，更有上百座城市号称要打造国际或者世界旅游城市，但是到目前为止，我们还没有广为接受的世界级旅游城市的概念界定和技术性定义，也没有像世界自然和文化遗产名录那样由联合国教科文组织这样的官方机构加以评定，或者像世界人居奖、奥斯卡奖那样由公认的基金会或者非政府组织评审并有相应的指标。这并不妨碍我们对这一主题进行理论研究和实践探索，并将此作为前行的方向和奋斗的目标。在现有的政策语境中，如同世界一流大学、世界级旅游景区和度假区等概念，世界级旅游城市主要从导向和目标的角度提出发展要求，列举若干样本城市加以对标，形成共识后通过中长期规划加以落实。在具体工作中，很多地方希望国家旅游行政主管部门能够出台标准或者建设评估文件，地方申报、专家评估、政府授牌，最终获得世界级旅游城市的荣誉。问题是由于冠名是“世界级”而非“国家级”，导致这条传统的申报路子走不通，总不能我们自己关起门来列几个指标，就说自己是世界级旅游城市了吧。

① 在本文的前期研究和写作过程中，中国旅游研究院数据分析所所长何琼峰博士、统计调查所所长马仪亮博士协助整理了相关数据，副院长唐晓云博士、政策所所长宋子千博士、规划与休闲所李雪博士、黄璜博士在审读中提出了宝贵意见，一并致谢。作者对文稿的框架、模块、观点及其展开过程独立负责。

世界一流大学都不能这么建，何况世界级旅游城市呢。

既然国际上没有人评，国内不好评，一个可行的路径就是锚定一个“世界级旅游城市样本群”，通过一段时间的努力而成为他们中的一员。问题是确定进入这个样本群的标准，是以旅游为主导产业的城市，还是所有对游客开放的城市？如果是前者，筛选出来的样本城市将主要是威尼斯、圣托里尼、黄山、张家界这样的中小城市，甚至日本轻井沢、新西兰皇后镇，意大利五渔村、荷兰羊角村等微型度假地和休闲乡村也会进入评价视野，那桂林已经是世界级了。如果是后者，纽约、巴黎、新加坡、香港、东京就会因为城市旅游而进入旅游城市的“一揽子”样本，以这些城市为参照系，桂林可能永远也实现不了世界级。事实上，是不是旅游城市，是不是世界级，多是由游客的口碑决定的。当然我们也可以通过对清单上的城市进行定性和定量的分析，倒也可以拉出若干条特征，还可以在其演化的历史中描摹出逻辑的线条来。需要注意的是，不是所有的事情尤其是涉及人与社会的复杂系统，都可以通过“逆向工程”进行拆解再现的。优秀的文学评论家就算是解构了《红楼梦》《百年孤独》的所有密码，依然写不出同样优秀的作品。从这个意义上说，政治家和企业家是世界级旅游城市的创造者，学者和理论工作者更多时候扮演的是文艺评论家的角色。

一个可资借鉴的指标体系是世界经济论坛（WEF）发布的城市竞争力评价（CCI：City Competitiveness Index）、旅行与旅游业竞争力指数（TTCI：Travel & Tourism Competitiveness Index）。前者评价的是城市，而非旅游目的地。后者评价的是旅游目的地，但它是以国家和地区而非城市为评价对象，而且也不区分国家和地区的面积大小、人口多少和经济发达程度，统一对全球140个国家进行评价和排名。其指标体系侧重于对旅游目的地综合环境因素的影响，共包括赋能环境、旅游和旅行政策和赋能条件、基础设施、自然和文化资源四项二级指标和14个观测指标（图1）。这些指标体系有助于我们理解那些一流的旅游目的地国家和地区，包括新加坡这样的城市国家和中国香港这样的城市经济体是如何构建旅游接待体系，赢得全球旅游和旅行者的青睐，进而提升其旅游业的可持续竞争能力的。

在过去十年中，中国旅游研究院在澳门建设世界旅游休闲中心、世界旅游城市联合会旅游城市评价体系、西藏打造重要的世界旅游目的地等研究项目中，抽象出世界级旅游目的地若干特征，使之成为地方旅游的发展目标和努力方向。这些特征包括但不限于：世界

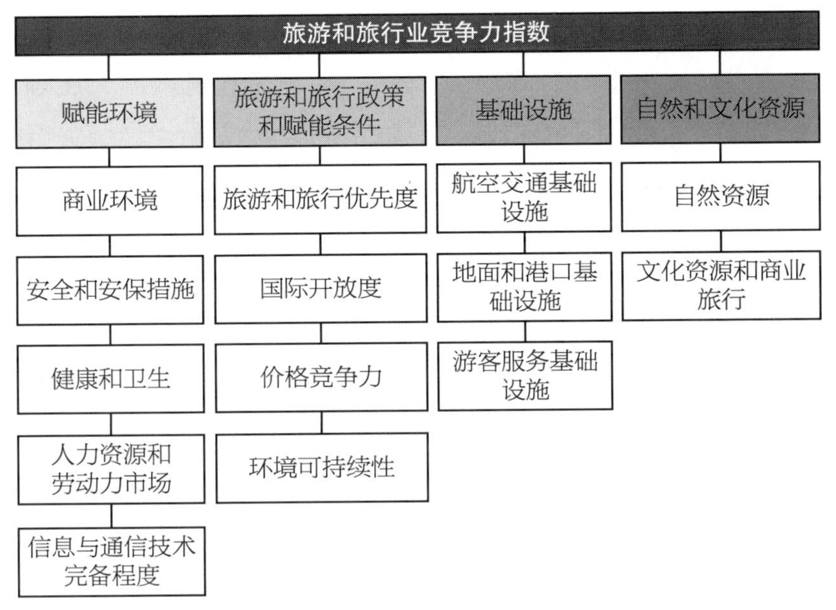

图1 世界经济论坛旅游目的地竞争力指标体系

资料来源：中国旅游研究院统计调查所、规划与休闲所根据世界经济论坛网站资料和数据整理。

级的旅游资源吸引力、沟通世界的交通网络、全球化的游客市场、特色而包容的文化、高游客满意度、高位稳定的旅游产业景气和经济社会贡献率。有了这个类似于经济学的充分竞争假定，我们就好对包括桂林在内的旅游城市发展现状进行定量和定性的评价，并制订相应的行动方案。考虑到地方发展的需要，本文主要从国际国内游客到访量、旅游收入及其增长趋势等指标加以数据审读，以游客满意度评价、变化趋势和横向比较的视角，结合国家战略和具体市情，对桂林建设世界级旅游城市的进阶方略加以阐释。

二、数据审读，桂林离世界级旅游城市有多远

“十二五”和“十三五”期间是桂林旅游业持续稳定增长的十年，国内旅游接待量从2010年的2097.71万人次增长到2019年的13519.07万人次，增长了544.47%。同期全国的国内旅游出游量分别为21.03亿人次、60.06亿人次，增长了185.59%。从数据来看，桂林的国内旅游市场增长速度明显要快于全国平均水平。从入境旅游市场来看，2010年桂林接待海外游客148.62万人次，2019年这一数据为314.56万人次，增速虽然明显高于全国数据，但总体处于自然增长态势（图2）。2019年，入境过夜游客人均每天花费为268.84美元，扣除物价因素，与十年前仅有微弱的增长（图3）。这个数据无论与北京、上海、广州、苏州等入境旅游目的地城市比，还是与纽约、巴黎、东京等世界城市比，与日内瓦、威尼斯、坎昆、迪拜、奈良等世界中小型旅游城市比，与改革开放初期桂林在全国入境旅游格局的地位以及新发展阶段国家入境旅游战略对桂林的预期相比，都有十分显著的提升。

在过去十年中，访桂国内

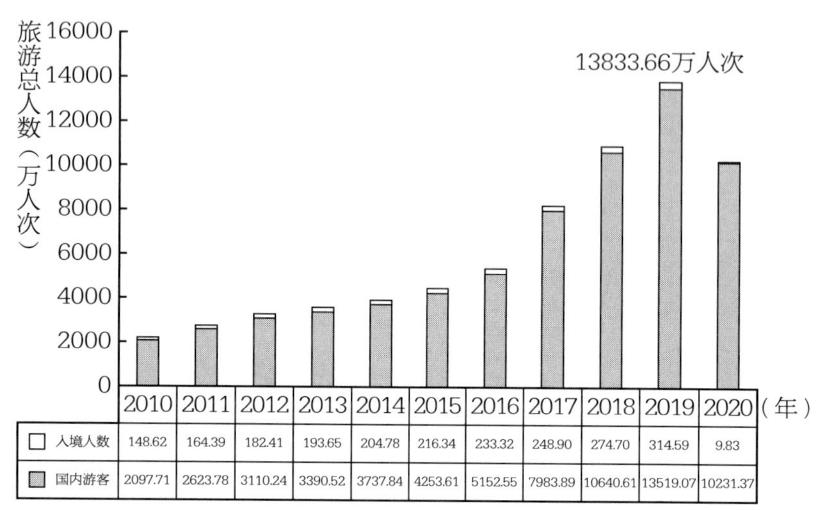

	2010	2011	2012	2013	2014	2015	2016	2017	2018	2019	2020
□ 入境人数	148.62	164.39	182.41	193.65	204.78	216.34	233.32	248.90	274.70	314.59	9.83
■ 国内游客	2097.71	2623.78	3110.24	3390.52	3737.84	4253.61	5152.55	7983.89	10640.61	13519.07	10231.37

图 2　桂林接待国内、入境旅游人数（2010—2020 年）

资料来源：中国旅游研究院（文化和旅游部数据中心）数据分析所根据桂林旅游部门历年发布的数据整理制图。

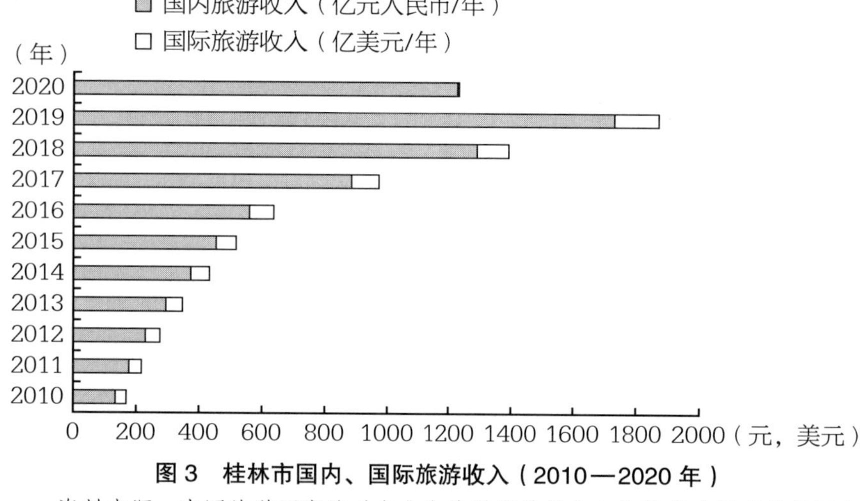

图 3　桂林市国内、国际旅游收入（2010—2020 年）

资料来源：中国旅游研究院（文化和旅游部数据中心）数据分析所根据历年桂林旅游部门发布的数据整理制图。

旅游者人均消费从 639.62 元增长到 1280 元，翻了一番。同期全国国内旅游人均消费从 598.2 元增长到 925.8 元。应当说这是一组不错的数据，但是考虑到北京、上海、广州、深圳、重庆、成都、武汉、苏州、杭州、哈尔滨、青岛、大连等直辖市和副省级城市、口岸城市，以其经济、科技、教育、贸易、金融等综合优势发展城市旅游并稳居第一方阵的现实，桂林在国家旅游城市竞争力的版图中的位置与四十年前、三十年前和二十年前相比，还是呈明显的后移态势。从年游客接待人次、旅游总收入和增长速度等经济数据看，桂林也能明显感觉到来自三亚、海口、黄山、张家界、洛阳、郑州、拉萨、敦煌等省会城市和重点旅游城市的追赶压力。

根据中国旅游研究院 2021 年 4 月 21 日在郑州召开的世界旅游城市市长论坛期间发布的《世界旅游城市发展报告》，竞争力位于全球前 20 的旅游城市是：伦敦、东京、纽约、巴黎、洛杉矶、北京、莫斯科、首尔、马德里、新加坡、都柏林、上海、罗马、阿姆斯特丹、柏林、香港、悉尼、大阪、多伦多和慕尼黑。上榜城市的共性特征包括但不限于全球辐射力的航空枢纽、国际贸易中心、商业消费中心、文化中心、科技创新中心、现代化治理能力，政府对旅游、休闲、会展领域的重视和投入，以及由专业人员组成、市场化运作的全球旅游推广机构。与世界级城市的旅游发展成就相比，桂林在一些基础指标上还有很大的赶超空间。

我们以访问桂林的入境旅游者为例，看看他们的钱都花到哪里了。长期以来，访桂旅游者的长途交通和购物项目各占总消费的三成左右，平均看，住宿、餐饮和娱乐分别约占 12%、6% 和 4%，景区游览消费占 6% ～ 7%（表 1）。这样的消费结构意味着桂林还是典型的观光旅游目的地，而非休闲度假旅游目的地，更不是国际旅游消费中心。这组数据还预示着桂林旅游业高质量发展的空间和供给侧结构性改革的方向，那就是进一步延伸国际国内游客的在桂停留时间，有效提升旅游者在本地居停期间的休闲消费，而不是来了、看了、走了。

表 1　桂林入境过夜旅游者消费结构（2014—2019 年）

年份	人均天花费（美元）	长途交通（%）	住宿（%）	餐饮（%）	景区游览（%）	娱乐（%）	购物（%）	市内交通（%）	邮电通信（%）	其他（%）
2019	268.8	12.6	9.7	6.4	6.2	3.1	22.9	5.8	1.4	32.0
2018	245.1	7.5	10.6	4.8	5.6	4.5	32.8	3.8	1.1	29.3
2017	236.3	31.8	13.2	5.8	5.1	2.4	19.2	2.8	2.0	17.6
2016	257.9	34.8	14.1	6.2	6.0	3.2	17.9	3.0	1.7	13.2
2015	237.0	35.9	13.0	6.4	5.6	3.4	17.4	2.9	1.6	13.6
2014	228.4	24.7	11.7	5.1	7.1	6.7	31.3	2.9	1.9	8.6

资料来源：中国旅游研究院数据分析所根据入境旅游抽样调研资料和桂林市文化和旅游相关数据整理制表。

进一步引入节假日旅游市场数据，及其占全年旅游接待人数和旅游收入比例加以分析，国庆节假日 7 天接待游客数量自 2016 年之后保持了持续高速增长态势，2020 年接近 300 万人次，增幅远超“十三五”期间访桂游客的年均增幅。春节假日旅游市场也大体是这个态势，意味着节假日对桂林旅游市场的重要性不断增加（图 4、图 5）。

对比世界级旅游城市的工作日、周末和公众假期的市场数据可以看出，尽管会有春节、圣诞节等少量的消费高峰期，但总体上还是比较平稳的。到访游客在时间和空间维度上的

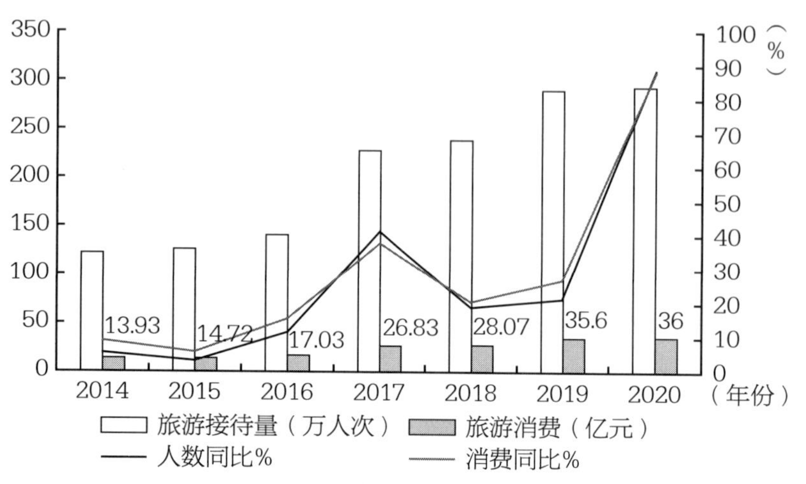

图 4　桂林国庆节假日旅游市场（2014—2020 年）

资料来源：中国旅游研究院（文化和旅游部数据中心）数据分析所根据桂林市文化和旅游主管部门假日数据整理制图。

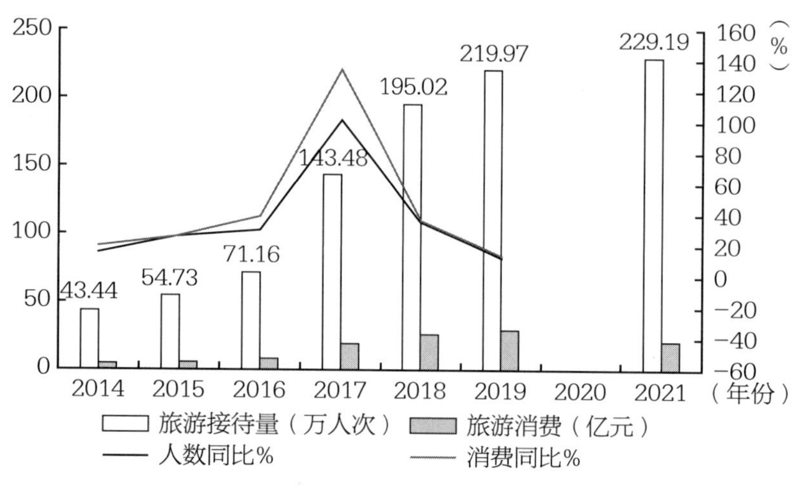

图 5　桂林春节假日旅游市场（2014—2021 年）

资料来源：中国旅游研究院（文化和旅游部数据中心）数据分析所根据桂林市文化和旅游主管部门假日数据整理制图。

常态分布有利于城市公共和私营部门及社会各界形成稳定的市场预期，进而高效率地做好游客接待和安全生产工作。节假日游客密集到访和集中消费，非节假日却相对冷清的城市，很难保证服务质量和游客满意度在高位运行。

三、游客视角，他者眼中的世界级旅游城市及其应该有的样子

走向高质量发展的桂林旅游，建设世界级旅游城市的桂林，必须对“游客满意度高不高”“市场主体竞争力强不强”“旅游业发展动能新不新”念兹在兹，不断提升。其中，游客满意度是衡量旅游业发展质量的重要指标，也是决定一座城市能否建成世界级旅游目的地的重要抓手。与经济社会发展的其他领域不同的是，无论我们有多少自以为稀缺的资源，有多少规划出来的精品线路、产品和服务，没有游客的到访和认同，就不可能有旅游城市的任何可能。自 2009 年创设全国游客满意度项目以来，中国旅游研究院（文化和旅游部数据中心）已经连续 52 个季度对包括桂林在内的全国 60 座城市开展游客满意度调查。以国际国内游客对桂林的满意度评价数据为基础，再加上历史比较和横向比

较等维度，可以对桂林旅游业的高质量发展进行系统研判。

2013—2020年，桂林游客满意度整体保持上升趋势，从“基本满意（75～80分）”升至“满意（80～85分）”区间。在纳入测算的60个国内主要旅游城市中，桂林的游客满意度排名处于中等偏上水平。除2013年进入前10位和2016年跌入后20位以外，其余年份的全国排名基本在15～25位。值得关注的是，2016年之后，游客对桂林的满意度评价低于全国平均分数（图6）。从区内来看，桂林的游客满意度一直高于南宁和北海，但是北海近两年的游客满意度提升较快，与桂林的差距在逐渐缩小，2021年已经基本持平。

最新的游客网络评论数据显示，桂林各项指标满意度水平仍然高于全国平均水平。其中，旅行社服务、当地居民态度、预订满意度评价较高，性价比、推荐度、餐饮、景区、购物满意度居中，住宿、目的地形象和行业管理则有较大提升空间（图7）。

游客对“桂林山水甲天下”印象深刻。对依托山水资源的景点游客往往会给出极高的评价。

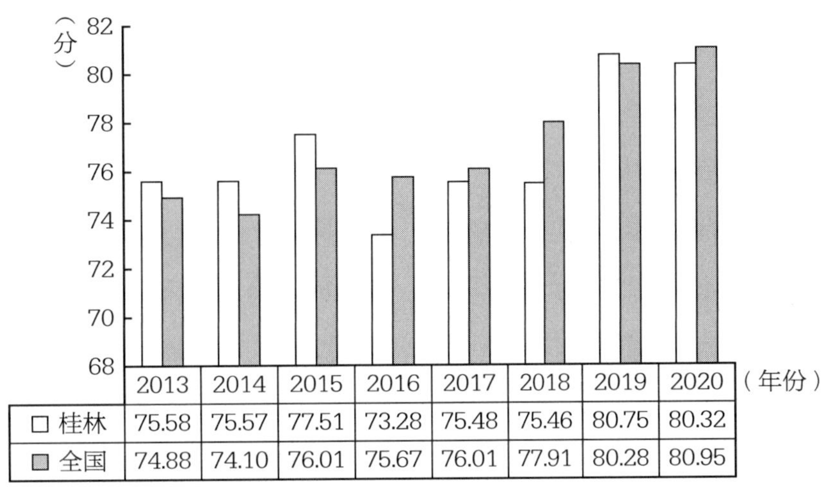

	2013	2014	2015	2016	2017	2018	2019	2020
□ 桂林	75.58	75.57	77.51	73.28	75.48	75.46	80.75	80.32
■ 全国	74.88	74.10	76.01	75.67	76.01	77.91	80.28	80.95

图6　桂林市游客满意度调查指数（2013—2020年）

资料来源：中国旅游研究院（文化和旅游部数据中心）历年来全国游客满意度调查报告。

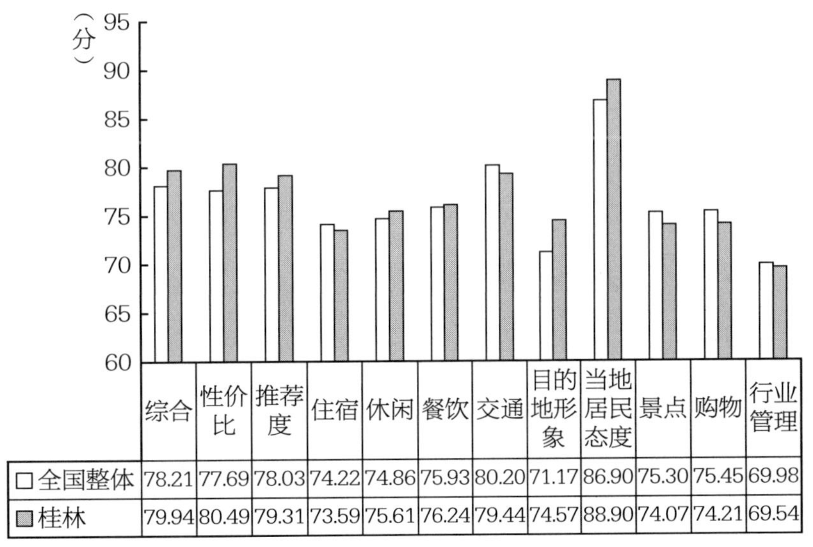

	综合	性价比	推荐度	住宿	休闲	餐饮	交通	目的地形象	当地居民态度	景点	购物	行业管理
□全国整体	78.21	77.69	78.03	74.22	74.86	75.93	80.20	71.17	86.90	75.30	75.45	69.98
■桂林	79.94	80.49	79.31	73.59	75.61	76.24	79.44	74.57	88.90	74.07	74.21	69.54

图7　2021年每一季度游客对桂林的线上评论数据

资料来源：中国旅游研究院（文化和旅游部数据中心）历年来全国游客满意度调查报告。

游客眼中的遇龙河“常年水质清澈，水流缓缓，有28道堰坝，景点百余处，没有任何所谓现代化建筑，没有任何人工雕琢痕迹，没有任何一点都市喧嚣，一切都是那么原始、自然、古朴、纯净，实为桂林地区最大的纯自然山水园地”。更不用说标志性的漓江了，“从桂林到阳朔大型游船全程需要4小时，那是一种对游览漓江风光的享受，像是走进了一幅画中，而这幅画会永远印刻在你的脑子里”。

游客对桂林的历史文化遗产和民族风情充满了无限向往。桂林的文化本底是中原文化，地方剧种桂剧、彩调、文场子均以北方官话体系的桂林话传习。“青色瓦、白色墙、尖屋顶、石板街，整条街道古香古色、古朴典雅、地方特色浓郁，可以品尝到当地特色小吃及美食、挑选民族元素的手工艺品、纪念品”“享受美食的同时，还有背着吉他的年轻歌手献艺，整条街道洋溢着欢乐的气氛”。

桂林人的好客给异国他乡的游客留下了深刻的印象。无论阳朔的啤酒鱼还是桂林米粉，店家好客的热心肠都是桂林旅游的加分项。游客评论，“胜利米粉店到底在哪里啊！想吃找不到啊”“外面特别冷，店家带我们到室内暖和的地方，桌底下又给我们放好暖气，鱼是新鲜的，现场帮我们搁锅里煮，菜太多我们两个人吃不完，就帮我们打包带走，走的时候欢送我们”。

从评论来看，游客还期待桂林旅游的现代化治理、亲切有感的待客之道，以及更高品质的生活方式。“作为一座世界知名的旅游城市，公共标志系统能否请专业人员把关，而不是盲目相信机器翻译，比如把‘公共卫生间’硬是译成‘Between Public Health’，直把外国旅游者看晕了”“滨江路上的旅游者想看一眼这座城市的地标（象鼻山），却被枝繁叶茂的榕树、天竺桂、蒲葵树严严实实地挡住了视线”“旅游行业乱，景点质量差，但凡人会多看两眼的地方就圈起来收费”“走遍大街小巷除了啤酒鱼就是特产店，还有其他一些全国各地都可以看到的东西，特产店里也都是鱼还有罗汉果干”“唯一的感受就是无论去哪里都要收钱，大街小巷停车收钱，去玩也收钱，有些政府标明免费的景点也有人自发地堵在门口去收钱”。游客的评论可能有些刺耳，甚至小题大做，以偏概全，可是作为一种生活方式的旅游，作为主客共享的城市品质，不正是由细节和日常构成的吗？无论我们是国家级还是世界级，都须时刻牢记游客所要的触手可及的温暖。

四、城景融合、主客共享与高质量发展，世界级旅游城市的进阶方略

（一）坚持大众旅游的人民性，构建城景一体、城乡共荣、主客共享的现代化城市新空间

2021年4月26日，习近

平总书记考察桂林时指出："老百姓的幸福感来自哪里？就来自良好的生活环境。""要坚持以人民为中心，以文塑旅、以旅彰文，提升格调品位，努力创造宜业、宜居、宜乐、宜游的良好环境，打造世界级旅游城市。"[①] 城市首先是市民的城市，当地老百姓有了经济社会发展的获得感，有了幸福感满满的高品质生活，异国他乡的游客自然愿意到访，乐于停留，城市才会成为主客共享的美好生活新空间。桂林历史悠久、人文底蕴深厚、商贸发达，长期居于广西和周边地区的经济社会和文化中心位置，根据自治区和市"十四五"经济社会发展规划，将来会越来越好。

一是以建设世界级旅游城市先行示范区为抓手，推动国家层面的顶层设计和政策创新。世界级旅游城市与世界级城市建设和世界级旅游目的地的发展密不可分，城市建设特别是主城区和县域中心城市的建设承担了旅游目的地主体形象塑造，航空港、高速铁路、高速公路等交通基础完善，公共服务和治理水平提升，商业环境和接待体系依托等必要支撑。当代都市旅游目的地的竞争已经不再是传统意义上的自然资源和历史遗产的竞争，甚至也不是景区、主题公园、旅行商等市场主体之间的竞争，而是经济社会发展、自然生态保护、治理体系与治理能力、文化辐射力和全球话语权之间的全面竞争。方方面面的协调、千头万绪的工作，没有更大力度的改革开放和更高能级的释放，很难实现预期的目标。建议在中央深改委的框架下，发布**《关于支持桂林建设世界级旅游城市先行示范区的意见》及其实施方案**，可以分三步走：到"十四五"期末，将桂林建成旅游业高质量发展的国际化创新城市；到 2035 年，将桂林建设成为高品质的全球旅游消费中心和旅游强国的城市范例；到 21 世纪中叶，桂林要成为旅游竞争力、文化影响力和综合创新力位于一线行列的世界旅游发展的标杆城市。结合国务院《"十四五"旅游业发展规划》、文化和旅游部《"十四五"文化和旅游发展规划》，重点做好国家公园、国家文化公园（长征）、世界级旅游景区与度假区、国家级旅游休闲城市和街区、文化遗产（灵渠）、非物质文化遗产、文化和旅游融合发展示范区、夜间旅游消费集聚区等规划对接和政策落实工作。

二是要重点推进文化底蕴深厚的世界级旅游景区和度假区建设。地域文化鲜明、主题资源突出、度假产品齐备是世界级旅游景区和度假区的内涵和要件，规划和管理机构无不

① "加油、努力，再长征！"——习近平总书记考察广西纪实［N］. 人民日报，2021-04-29（001）.

统筹考虑当地自然和人文的本底资源与旅游市场的契合度。1972年，墨西哥政府以玛雅文化为主题资源，制定整体规划，开启高速路、国际机场、海港等基础设施建设，逐步完善酒店等度假产品，使坎昆旅游度假区从众多海岛旅游度假区中脱颖而出。在建设和发展过程中，城市管理者会统筹社会力量，强调社区共享。韩国普门湖度假区，早期的基础设施和部分服务设施由政府投资，后期通过免税、减息等优惠政策，吸引大量社会资本进入，丰富了度假产品体系。注重社区共享决定了度假区长远发展，法国阿尔卑斯山国际旅游度假区，农民将旅游业与农业结合起来，开创了阿尔卑斯山区家庭经营小规模旅游业的传统。环境友好是世界级旅游景区和度假区可持续发展的关键。从早期的规划管控到后期的保护措施，将生态、资源保护具体化、规范化、法制化。韩国普门湖对度假区配套设施建设的高度、离湖面的距离、广告牌是否可以用等都有明确的规定。世界级旅游度假区大多拥有国际空港或海港的枢纽支撑和快速交通接驳系统，同时，以免签证、落地签证、一签多行、在线签证等政策创新，为游客通达提供便利。在具体运营过程中，强调引进国际化品牌和专业化管理，以精细化服务提升体验舒适度。为提升游客的度假体验，普吉岛在产品设计上精细创新，引入一价全包式服务，将酒店和度假村营造成微型度假目的地。更多度假区面向主要客源，在标志标牌、问询系统、国际支付、免税购物上专项设计、精细服务，为游客营造轻松、惬意的度假氛围。

三是要率先推进文化特色鲜明的旅游休闲城市和街区建设。商业街区是守护传统和彰显个性的现实空间，并成为一座城市、一个地区和一个国家的形象标志。纵观国内外街区的发展历史与实践经验，无论是狭长的线形空间、圆形的放射状区域、“申”字形和“国”字形的异构空间组合，还是综合利用地上、地面、地下的立体化空间区域，都有可能成为世界知名的商业街区，并吸引本地市民和外来游客的频繁到访。我们很难想象没有那条凯旋门延伸到协和广场的香榭丽舍大道，巴黎是否仍是世人心中的巴黎；没有了宽窄巷子的成都，没有了衡山路和南京路的上海，没有了大巴扎的乌鲁木齐，还是我们想象中的那座城吗？**旅游休闲街区要挖掘传统文化，彰显本地文化自信并形成可视可触可感的生活环境与街区氛围，以时尚、健康和科技形塑街区的未来。**纽约第五大道，除了是购物的天堂，还是众多作家、画家、演员、艺术家的居住之所，同时也是剧院、博物馆和艺术馆雅集之处，多元文化和谐共生。旅游休闲街区不能只想着建步行街、引老字号，还要植入当代生活方式、现代商业形态和产业服务，“离桂免税”等商业政策要尽快落实。

四是要着力建设相互依托、相互支撑的“都市—乡村”世界级旅游城市发展新格局。从客源地角度而言，要有效引导都市客源向近郊和乡村旅游目的地溢出，以都市旅游的消费升级助力乡村振兴，构建新发展阶段的旅游消费新格局。还要看到，只有初级资源，而没有高效能的生产要素，民宿、乡创和田园综合体等业态则无处依托，农民只能从乡村旅游者的低预算消费中获得有限收入。这样的乡村旅游是不可能有内生的消费升级和产业转型动力的，**而缺少乡村支撑的城市，不可能建成世界级旅游目的地。**在促进都市客源向乡村流动的同时，也要吸引资本、技术和人才到乡下去，形成落地生根、内生驱动的旅游产业体系。随着决胜脱贫攻坚转向乡村振兴，特别是广大农村居民可支配收入和文化需求的增长，农村和城镇开始成为出游人数增速快于都市的客源地，农村居民开始成为快速增长的消费主体。我们要高度重视农村旅游市场培育，并做好农村旅游者进城的各项准备。

（二）坚持先进文化的引领性，培育开放包容、互学互鉴的全球化新理念

世界级旅游城市得有吸引世界心向往之的文化地标和艺术氛围，只有“甲天下”的桂林山水，没有深厚的文化底蕴，是没有办法建成世界级旅游景区和度假区的。

一是要充分认识并传承利用好历史传统和文化遗产，特别是世界级文化遗产和国家级、省级非物质文化遗产，它们是世界级旅游城市建设的核心资源。习近平总书记多次强调，推动中华文明创造性转化和创新性发展，让收藏在博物馆里的文物、陈列在大地上的遗产、书写在古籍里的文字都活起来。既要溯源历史，保护传承，也要在新发展阶段，以新发展理念创新文化遗产的生产和生活功能，塑造其时代价值。龙胜龙脊梯田是世界农业文化遗产①，以其秀美的山河、耕作的场景和温馨的烟火而成为现代化进程中挥之不去的乡愁记忆，吸引了成千上万的海内外游客到访，也带动了当地民宿、餐饮和土特产品的销售。当我们为此而自豪的同时，也要思考这一遗产与现代文明特别是当代生活的关系。如果生活在这块土地上的人民不能从城市化进程和乡村振兴

① 联合国粮农组织2018年在罗马授予了中国南方山地稻作梯田系统为全球重要农业文化遗产项目（GIAHS），该项目包括江西崇义客家梯田、福建尤溪联合梯田、湖南新紫鹊界梯田、广西龙胜龙脊梯田。目前该项目全球共有50项，其中中国15项。见联合国粮农组织网站。

中获得现实的收益，以及未来发展的可能，那么文化遗产对旅游城市的建设将是不可持续的。作为全国百家非遗馆之一的桂林非物质文化遗产体验馆，集中收藏并在特定时间活态展示瑶族服饰、雕版彩色套印、草龙草狮等非遗项目，很是令人向往。公共文化场馆建设不易，利用和传播更难，如何与科技创新、现代生活、艺术和时尚相结合，是世界性的难题，也是世界级旅游城市建设必须要回答的现实课题。我一直呼吁乡村振兴中引入专业志愿者和驻村艺术家制度，更希望改革土地制度开展新乡贤运动，以现代生产方式让传统文化走入当代生活，以现代生活方式让年轻人留下来。

二是弘扬红色资源及其承载的家国情怀和共同价值，为世界级旅游城市建设注入源源不断的强大精神动能。1934年11月，发生在桂林的湘江战役，是长征途中关系中央红军生死存亡的一战，对中国革命的前途和命运产生了深远影响，留下了丰富的红色资源和宝贵的精神财富。2018年，习近平总书记就规划建设湘江战役纪念设施做出了专门批示。2021年4月25日，习近平总书记来到位于桂林市全州县才湾镇的红军长征湘江战役纪念园，向湘江战役红军烈士敬献花篮。他指出，为什么中国革命能成功？奥秘就是革命理想高于天，在最困难的时候坚持下去，这样才能不断取得奇迹般的胜利[①]。纵观世界各国各地区的旅游城市，从莫斯科、布拉格、维也纳、马德里、伦敦，到华盛顿、渥太华、哈瓦那、布宜诺斯艾利斯，再到夏威夷、堪培拉、马尼拉，都有承载国家历史、民族文化和共同价值的纪念场馆，并设有基于史实和科学的艺术展陈、庄严肃穆的仪式和历史学家审定的多语种解说。在世界级旅游城市建设的过程中，我们需要以世界各国听得懂的语言，向国际游客讲述中华民族的家国情怀和共同价值，在这方面我们还有很多工作要做。

三是充分认识承载民族复兴和人民幸福的中国梦，是社会主义先进文化的重要组成部分，是积极培育世界级旅游城市建设的全新动能。人往高处走，水往低处流。世界一流的城市旅游目的地，不应该也不可能无休止地向游客强调这里的山川如何秀美，曾经多么繁荣。那些世界一流的城市旅游目的地，吸引游客到访的固然有自然环境和历史文化的因素，更是因为它们有全球性的交通枢纽、现代化的城市布局和创新能力，国际化的商业环境和治理水平，以及面向未来的平

① 《习近平谈湘江战役：中国革命成功的奥秘就是靠理想信念》，载于2021年4月26日学习小组公众号。

等、自由和无限可能。相对而言，拥有多少世界自然和文化遗产并不是最重要的，更不用说中国特色的国家A级旅游景区和国家级旅游度假区。近年来，随着短视频的崛起，重庆的轻轨穿楼、长沙市行人过马路的粉色爱心斑马线、成都的三星堆，甚至要进昆明参加COP15的大象群都会成为网红现象，吸引年轻人纷纷线上“种草”，线下“打卡”。透过热闹的表象，我们看到的是广大游客对现代化进程中的城市的欣喜发现，是城市的现代与我们每个人都有相关性。

（三）坚持要素和资源配置的市场化导向，着力构建创新驱动的旅游业高质量发展新格局

在建设世界级旅游城市的进程中，政府这只看得见的手和市场这只看不见的手都要发挥作用，充满创新活力和产业带动性的市场主体更是不能缺位，也不应该缺位。自在·桂林康养度假项目是我跟踪多年的项目。还记得六年前在大墟古镇，我从江边码头拾级而上，沿着弃用的铁轨缓行沉思：得有这么一个项目，一头牵着繁华的记忆，一头引着无限可能的未来。昨天去现场看了看，分三期开业的项目已经基本成型了，它不是传统的旅游项目或者度假酒店集群，而是引领东方生活方式、探索人类文明的桂林样本。这样的项目不是多了，而是少了。**除了新项目，还要有新产品、新业态，特别是旅游服务商和导游等自由职业者。**那么多游客到访，都由书记、市长、局长、科长接待，现实吗？还是得靠市场主体的高水平创新和高品质服务。

市场主体有活力了，旅游产业生态培育起来了，政府和公共机构做什么？**一是落实世界级旅游城市的发展理念**，就是向世界展示我们的生态文明成就、经济建设和社会发展成就，宣传社会主义先进文化。就是要吸引更多的外国人、港澳同胞、台湾同胞、华人华侨到访桂林，把桂林建设成为国际消费中心城市。**二是城市营销，尤其是职业化、专业性的海外营销。**可以借鉴芝加哥、迪拜、香港、新加坡、三亚等城市旅游推广的经验，组建独立于行政机构之外、非营利法人机构——桂林旅游推广局。**三是旅游治理体系和治理能力的现代化。**长期以来，我们的市场治理主要围绕旅行社和导游展开。现在是散客化、自由行、智慧旅游的时代，也是“（政府）法无授权不可为，（企业）法无禁止则可为”的时代，桂林要有改革的勇气，成为国家旅游治理现代化的实验区。**四是抓好科技、教育和人才支撑。**经此一疫，旅游业已经回不到“圈山圈水收门票，人山人海吃红利”的时光了。要以科技、艺术、教育、人才、研发创新的新动能，满足消费升级的新需求，进而为世界级旅游城市建设提供基础支撑和无限可能。

文化和旅游融合背景下的标准化试点示范工作研究①

中国旅游研究院课题组

一、研究背景

（一）标准化在推进国家治理体系和治理能力现代化中的基础性支撑作用持续增强，对文化和旅游标准化工作提出了新要求

习近平总书记高度重视标准化工作。党的十八大以来，习近平总书记多次强调标准化工作的重要性，指出“加强标准化工作，实施标准化战略，是一项重要和紧迫的任务”“标准助推创新发展、标准引领时代进步”。这些重要论述，明确了中国标准化工作的新方位，指明了文化和旅游标准化的工作方向。在此推动下，我国标准化事业不断取得新的进展，2015 年国家出台了《深化标准化工作改革方案》，2016 年承办了第 39 届国际标准化组织大会，2017 年修订《标准化法》，2021 年颁布《国家标准化发展纲要》（以下简称《纲要》）。《纲要》明确提出，标准是经济活动和社会发展的技术支撑，是国家基础性制度的重要方面，标准化在推进国家治理体系和治理能力现代化中发挥着基础性、引领性作用。一系列重要标准成果和标准化制度性成果成为新时代高质量发展的重要标志，也反映出标准化在推进

① 本文为文化和旅游部科技教育司 2020—2021 年度文化和旅游研究项目（批准号：21DY25）的阶段性研究成果。

国家、行业治理体系和治理能力现代化中的基础性、引领性作用持续增强。

在文化和旅游领域，标准化工作也取得了长足进步。全国旅游标准化试点工作的开展，大幅提升了旅游服务质量，使标准化成为促进产业发展、提升行业服务质量、强化市场监督管理的重要抓手。通过参与和制定国际文化和旅游服务标准，打破了欧美国家在服务标准领域的垄断地位，提升了我国在本领域的国际话语权。新时期的标准化工作需要在建设文化强国和推动旅游高质量发展中发挥更加重要的基础性支撑和方向引领作用，对标准化工作提出了新要求。

（二）新时期标准化工作需要回应国家标准化发展“四个转变”的战略要求和社会治理标准化的发展新趋势

我国自2001年成立国家标准化管理委员会以来，标准化事业得到了快速发展，但20世纪80年代确立的现行标准体系和标准化管理体制已无法适应社会主义市场经济发展的需要。主要表现为：标准更新速度较为缓慢，部分领域的标准供给仍有较大缺口；标准交叉重复矛盾的现象突出；团体标准缺少法律依据，无法实现有效供给；没有形成多部门协同推动标准实施的工作格局等。在这种背景下，转变政府标准化管理职能，充分发挥市场主体活力，深化标准化工作改革已刻不容缓。《纲要》提出，到2025年要实现“四个转变”，即标准供给由政府主导向政府与市场并重转变，标准运用由产业与贸易为主向经济社会全域转变，标准化工作由国内驱动向国内国际相互促进转变，标准化发展由数量规模型向质量效益型转变。《纲要》还提出，标准化工作要与科技创新互动发展，要提升产业标准化水平，完善绿色发展标准化保障，加快城乡建设和社会建设标准化进程，提升标准化对外开放水平。《纲要》的发布尤其是标准化工作的“四个转变”，对新发展阶段标准的制定主体、涉及领域、国际化及质量等方面提出了新思路，明确了文化和旅游标准化和试点示范工作的新任务。

从全球视角看，标准逐渐成为社会治理的制度工具，在复杂的管理系统、社会运行系统中提高社会治理效率。全球标准通过提高透明度、参与度和问责机制来参与社会治理，标准涉及的范畴还不断向环境治理、政治关系、社会福利等方向扩展。从国际标准制定主体看，尽管仍主要集中在欧美国家，但发展中国家的话语权在不断提升。近年来，我国在国际标准化研究中的影响力不断增强，但对标服务贸易领域的发展需要，文化和旅游领域的标准国际化仍有很大的拓展空间。在新发展阶段，立足国家标准化战略的任务要求和文化和旅游工作的发展需要，形成适合新时期文化和旅游标准化工作的新思路是当前最为紧迫和重要的工作。

（三）以标准化促进文化和旅游融合发展，服务大众旅游、智慧旅游发展需要，优化既有标准化工作机制

2018 年 3 月，文化和旅游部组建，为文化和旅游融合奠定了组织和体制基础，各地积极探索，不断激发文化和旅游发展新动能。在“以文促旅，以旅彰文”的发展思路指引下，文化和旅游融合为文化事业、文化产业和旅游业拓宽了发展思路、拓展了发展空间。面对文化和旅游融合发展的新环境，文化和旅游标准化工作也面临新的要求。2021 年 6 月，文化和旅游部发布《“十四五”文化和旅游发展规划》（以下简称《规划》），提出“十四五”期间建设“一个工程”“七大体系”。《规划》还提出，“促进公共文化服务提质增效要落实国家基本公共服务标准，加强基本公共文化服务标准化建设”“在新产品新业态、公共服务、市场秩序与质量评价等重点领域，持续加大标准制修订力度。加强标准宣贯和实施，开展标准化试点示范工作，以标准化引领质量提升。积极参与标准国际化工作，推动中国标准走出去”。文化和旅游部部长胡和平指出，我们需要把握新发展阶段、贯彻新发展理念、构建新发展格局，以推动文化和旅游高质量发展为主题，以改革创新为根本动力，以满足人民日益增长的美好生活需要为根本目的，加快发展文化事业、文化产业和旅游业，推进文化铸魂、实施文化赋能，推进旅游为民、实施旅游带动，推进文化融合、实施创新发展。[①] 围绕文化和旅游融合发展及“十四五”期间的重点工作，文化和旅游标准化工作的发展方向、业务范畴和标准结构等需要与时俱进，以满足事业发展需要。

标准是提高行业规范运作水平的重要技术依据。旅游行业标准化工作启动较早，20 世纪 80 年代制定了星级饭店标准，星级饭店成为中国消费者最早接受的服务品牌。长期以来，星级饭店引领着旅游住宿业发展方向，带动行业素质全面提升，服务水准得到社会广泛认同。A 级旅游景区标准于 90 年代发布，A 级旅游景区特别是 4A 级、5A 级旅游景区成为消费者选择旅游吸引物的重要参考，对促进旅游景区市场的发展起到了关键作用。文化领域的标准化工作起步相对较晚，但基础工作扎实，尤其是

① 胡和平．不断推动文化和旅游发展迈上新台阶［EB/OL］．http://www.gov.cn/xinwen/2021-02/08/content_5586116.htm，2021.02.08.

图书馆行业标准化基础较好，在信息和文献方面积累了不少标准化成果。与旅游业不同，图书馆标准集中于技术标准，在文献资料收藏和保护等方面发挥了重要指导作用，近年来又出台了一些服务性标准，体现了图书馆作为公共文化服务机构的属性。

就旅游标准化工作而言，标准化工作既要满足文化和旅游融合发展的需要，也要满足大众旅游发展的阶段性特征需要。我国是名副其实的旅游大国，人均出游超过4次，年出入境旅游总人数突破3亿人次，但旅游业“小、散、乱”问题依旧突出。从整体来看，“十三五”时期我国文化产业和旅游业健康快速发展，文化和旅游产品优质丰富，但文化和旅游产品的供给和需求还不完全匹配，与高质量发展要求存在一定差距，国际竞争力和影响力仍需进一步强化。充分发挥标准化引领作用，是促进企业提质增效的有力途径。文化和旅游产品强调特色化、品质化、多元化，相关标准的设计和制定需要考虑不同地区的特色，彰显不同区域在文化和旅游产品与服务上的优势。因此，进一步加强团体标准和企业标准的供给，推进相关标准实施应用十分必要。

（四）以标准试点示范提升文化和旅游标准化工作水平需要创新工作路径

以标准化试点示范项目建设推动标准化实施与普及推广是我国改革开放以来标准化事业发展的成功实践。通过标准化试点示范项目建设，企业的标准化管理水平和产品、服务质量显著提高，行业竞争力显著增强，社会效益、经济效益显著提升，形成以标准规范生产和服务再由生产和服务完善标准的动态标准化工作机制，充分发挥标准化试点示范项目的辐射和带动作用。多年来，为加快标准化工作创新发展及推广应用，推动行业和地方产业及服务的高质量发展，国家标准化管理委员会先后启动了社会管理和公共服务标准化试点、服务业标准化试点、农村综合改革标准化试点、新型城镇化标准化试点等国家级标准化试点示范项目建设。部分省市也积极开展了省级相应的标准化试点示范项目建设，这些标准化试点示范项目建设，对传播标准化理念，推广标准化经验，提升行业、地区的标准化管理水平和产品、服务质量，增强行业、地方市场竞争力，促进社会效益、经济效益提升，推动全社会运用标准化方式组织生产、经营、管理和服务，提升政府行政和社会管理效能，促进产业转型升级、引领创新驱动起到了支撑作用。

文化和旅游标准化试点工作取得了显著成效，在新的历史时期也需要创新工作思路适应新形势下文化和旅游融合发展的需要。旅游标准化试点示范工作自2010年启动，目前共发布了四批共198家全国旅游标准化示范单位，在推动旅游标准实施、引领行业发展、提升旅游管理与服务水平等方面成效显著。旅游标准化试点工作开展十余年来，各地高度重视，建立协调机制，投入专项资金，标准化建设取得明显成效，切实提升了旅游领域的管理水平和服务质量，中国旅游标准化工作得到有效深化，支撑产业发展的旅游标准体系更加健全，标准质量水平显著提升。文化领域虽然没有开展全国性的试点示范工作，但评估定级工作基础比较好，如图书馆领域已经开展了6次全国公共图书馆评估定级工作、文化馆领域开展了5次全国评估定级工作。评估定级涉及大量的标准研制和应用评估工作，其工作机制与标准化试点示范工作有很多相通之处。一些地方也开始先行先试，把文化单位和旅游单位同时纳入省级试点示范工作，如河北省文化和旅游厅联合河北省市场监督管理局于2020年4月启动了省级文化和旅游标准化试点示范工作，首次把8家文化类单位纳入试点范围。从实践结果看，在文化和旅游领域开展标准化试点示范工作具备广泛的可行性。同时，通过既有的试点工作实践，也发现仍然有不少问题和困难需要解决。标准化试点的规模结构和层级需要根据新发展形势进一步优化，专业化的标准实施指导团队和标准队伍建设匮乏问题需要新的工作抓手，标准化试点评估方式和指标设定需要进一步优化等，诸如此类问题还有待形成新的工作举措以提升文化和旅游标准化水平。

二、文化和旅游标准化试点示范工作现状分析

（一）旅游标准化试点示范工作取得的成效

改革开放以来，随着我国旅游业的快速发展，旅游标准化工作在规范旅游市场秩序，提升旅游服务质量中的作用愈加突出，政府主管部门持续加强旅游标准化工作力度，并以标准化试点示范工作为突破点，大力推动旅游业各项标准的贯彻实施，全面提升了旅游产业素质和旅游服务质量。2010年以来，全国旅游标准化试点示范工作在各级党委、政府和旅游、质检等相关部门的大力支持下，在各旅游标准化试点单位的全力配合下，取得了长足的进步和发展。截至目前，一共开展了四批全国旅游标准化试点示范创建工作，共有198家试点单位参与创建并完成验收，成为国家级旅游标准化示范单位（表1）。198家国家级旅游标准化示范单位范围遍及全国各地，充分发挥了示范引领辐射带动作用，积累了丰富的管理经验。

1. 示范省市县的旅游业综合贡献持续提升

试点单位党政领导将试点

表 1　全国旅游标准化示范单位

类别	数量（家）
示范省	1
示范城市	41
示范区	11
示范县	31
示范企业	114
合计	198

工作作为区域经济发展的主要抓手，将标准化理念运用到相关行业和部门，促进一、二、三产业融合发展，释放出较强的外溢效应，经济指标明显提升。试点期间，多数试点单位的旅游接待量和收入指标同比增加 15% 以上；浙江嘉善县游客接待量和旅游总收入比参与试点前分别增长 42.1% 和 48.1%，湖州市分别增长 24% 和 38%，实现了旅游产业规模的快速提升；安徽黟县和西藏拉萨市 2019 年旅游收入达到 GDP 的 50% 以上。

2. 形成了地方政府联动机制，构建了从旅游部门单打独斗到齐抓共管的旅游市场监管新格局

旅游标准化试点工作开展以来，得到了各地政府的高度重视和大力支持，很多地方把标准化工作列入“十二五”旅游业发展规划、“十三五”旅游业发展规划和年度政府工作报告，上下统筹协调，横向部门联动，形成了齐抓合力共管的工作格局。三亚市政府充分调动各级、各部门的“创标”积极性，整合调动旅游、市场监管、财政、发改等 23 个相关职能部门，逐步形成政府、部门、企业、社会“四位一体”联动的工作格局，明确了“政府推动、部门联动、试点带动、企业行动、社会互动”的创建工作总体思路，有力确保了标准化创建工作的有序推进。

3. 试点旅游企业服务水平大幅提升，就业环保等综合效益显著

在标准规范的指引下，试点单位贯标用标意识明显增强，试点企业的服务水平大幅提升。江苏扬州市陆琴脚艺积极推动标准化管理，2018 年加盟店由原来的 100 家增加到 156 家，年综合收入增长 30%，就业岗位增加 4000 多个；山东德州市齐河县齐河大厦通过开展标准化工作，在人力、水电煤气、食材、员工用餐等方面每年节约 49 万元；海南陵水县阿罗哈酒店对照《绿色旅游饭店》等标准加强节能减排工作，2019 年各项能耗同比降低约 7.6%。

4. 旅游公共服务设施明显改善，服务水平和服务能力有效提升

各地围绕试点工作，不断完善风景道、山地步道、观光铁路等交通体系，提升游客服务中心、旅游集散中心和咨询中心的设施及服务，优化升级旅游标志标牌系统、旅游厕所系统、智慧旅游系统等，初步实现了旅游公共服务建设标准化、设施现代化、运营专业化、管理规范化、服务人性化、监督社会化、使用文明化的效果。

试点期间，浙江湖州市以标准化促进城市基础设施建设，加快推进城市公共休闲区、中央休闲区基础设施完善、提升和改造，为城市发展注入新亮点和新活力；河北秦皇岛市新建改建400余块旅游标识牌；安徽黟县完成八大民宿集群标志牌和村内民宿及农庄集中式指向标志；河南登封市投资300余万元，对市区标志系统进行了标准化设置，投资2404万元完成新（改）建旅游厕所54座；山东齐河县新改建A级旅游厕所230余座，完善了主城区和景区双语标志3000多块，新增城市主干线旅游交通标志牌40余块。

5. 量化管理增强了对旅游企业和从业人员的诚信监管力度，有效规范了旅游市场秩序

各地围绕试点工作制定相关政策文件，持续推动旅游服务质量提升，营造遵纪守法、诚信经营、优质服务、文明旅游的良好氛围，从业人员素质显著提升。河北秦皇岛市建立旅游文化市场诚信建设红黑榜制度，对旅游企业和从业人员诚信行为进行量化管理，强化诚信监管力度，有效规范了旅游市场秩序。

6. 投诉处理标准化，有效提升游客满意度和服务体验

多个试点单位提出“不让一位游客受委屈”“突出人性化”“注重精细化”等服务口号，对旅游服务从业人员进行了“态度决定一切，细节决定成败”和“一切围绕游客，一切为了游客”的教育，建立24小时投诉处理机制，规范投诉处理程序，定期进行游客满意度调查。河南登封市连续两年的市场调查中游客满意度均达98.8%以上；贵州铜仁市万山区连续两年无一例有责投诉，游客满意度97%以上；四川巴中市2018年试点企业零（有责）投诉比例为95%，2019年为97%，2020年截至8月为98%，所有投诉均得到及时、有效处理，投诉处理满意度达到100%；山东临沂国旅通过开展标准化试点工作，基本达到了零投诉的服务目标。

（二）旅游标准化试点示范工作需进一步解决的问题

旅游标准化试点示范工作开展十余年来取得了良好成效，但受各种条件限制，也存在一些问题和不足。

1. 专业人才缺乏，标准化意识不足

尽管试点单位党政部门和各级领导对旅游标准化工作非常重视，但实际工作推进中由于经验能力有限，缺乏专业人才和机构指导，在标准意识、体系建立、实施宣贯等方面存在死角，部分基层人员对旅游标准化试点的作用和意义认识不够，宣传和培训都需要进一步下沉和细化。特别是一些中西部地区，受标准化人才欠缺和现实条件制约，推动工作找不到切入点，找不准发力点，

容易走弯路。

2. 基础管理工作需进一步夯实，标准实施的精准化水平有待提升

部分试点单位公共信息图形符号和导向系统标准执行不规范；对标准理解不准确，业务操作存在差距，如旅行社安全相关标准实施不到位、旅行社合同签署不规范、餐厅留样无标准等。此外，旅游饭店前台未设置旅游投诉监督电话标识、缺少旅游宣传资料等初级问题依然存在。

3. 以标准化提质增效的内生动力不足，标准化撬动全局发展的格局仍需加强

各级政府推动与企业参与的格局有待提升，主要是部分试点企业对旅游标准化工作认识还不够，贯标用标的思想不深入，发展旅游标准化的内生动力不足。企事业单位积极性不高，参与标准化试点的企业范围、业态和数量有限，旅游标准化对整个旅游行业的综合带动作用还有较大提升空间。

4. 地方和企业标准体系不健全，尚未形成多层次标准体系

部分单位仍以完成试点任务为最大目标，以国家标准、行业标准的执行落地为主要任务，但地方标准和企业标准的出台发布力度不足，多数试点企业的标准体系尚未形成，难以有效引导企业科学规范发展。

5. 标准化试点工作保障机制有待完善、评估体系尚需进一步优化

目前旅游标准化试点单位评估的工作信息化程度有待进一步提升，每一次评估时，各个试点单位都要花大量的精力，投入人力、物力和财力来制作纸质的档案材料。所有的评估工作也均是人工来进行，比较费时费力。试点评估指标的设置比较烦琐，可操作性不强，团体标准和企业标准受重视程度不够，综合效应评估指标比较单一。

三、文化和旅游融合背景下标准化试点示范工作实践路径

（一）调研方法

为了准确把握旅游标准化示范单位发展的现状和面临的问题，探索文化和旅游融合背景下标准化试点示范工作机制，课题组开展了文化和旅游标准化试点示范工作专项调研。调研主要采取了三种形式。

1. 实地考察

课题组先后赴广西、宁夏、青海、河北、安徽等地进行调研，着重对文化和旅游标准化试点开展、县级示范单位标准化建设、前三批示范单位复核等情况进行了实地考察和专题研讨，并现场向企事业单位员工派发了调查问卷。通过实地调研，课题组对各地文化和旅游标准化建设情况、产业发展面临的困难和需求有了充分和深入的了解。

2. 问卷调查

由于受新冠肺炎疫情影响，课题组赴江苏、浙江、湖北、

黑龙江、吉林、辽宁、河南、山东、福建等地调研的计划未能如期完成。为了保证课题研究进度，全面了解标准化试点工作现状和产业发展需求，课题组开展了线上问卷调查。调查对象主要涉及地方党委和政府工作人员、文化和旅游行政部门工作人员、文化企事业单位工作人员和行业专家等。问卷内容包括基本信息、评估指标和意见建议三个方面，一共24个主要问题。共计发放调查问卷2261份（包括实地考察现场发放的问卷），回收有效问卷2253份，问卷有效率达99.6%。本次问卷调查的数量（2000多份）、地域（全国各省）、业态（文化、旅游）、人员（业界、政界、学界）等均具有足够的代表性，保证了调研结论的客观和真实。

调查对象中旅游企事业单位人员和文化企事业单位人员占大多数，分别占比40.6%和29.9%，其他身份人员占比29.5%。其中参与过全国旅游标准化试点示范工作的人员有1441人，未参与的人员有812人，原因主要为"不知道此项工作（63.4%）""资金问题（13.5%）""政策支持不够（10.7%）""其他（10.3%）"。调查对象对于以前年度开展的全国旅游标准化试点示范工作了解较多，其中"非常了解"的占比19.5%，"比较了解"的占比33.0%，"了解很少"及"不了解"的分别占比34.1%和13.4%。

3. 专家座谈

为进一步集思广益，更好地谋划下一阶段工作，课题组还邀请了文化和旅游领域20余位人士举办了专家座谈会、企业座谈会，专题听取对文化和旅游标准化试点示范工作的意见建议。与会者围绕当前标准化建设情况、下一步文化和旅游标准化试点示范工作开展的方式方法、试点单位的评估和考核等方面畅所欲言，提出了许多宝贵的建议和意见。

（二）试点领域：以旅游单位为主，逐步将文化单位纳入试点范围

调查结果显示，超过一半的被调查者认为，在当前阶段，应拓展标准化试点领域，将文化场所纳入工作范围（图1）。

综合实地调研和专家座谈会情况，课题组认为在已有全国旅游标准化试点示范工作的基础上，继续在旅游领域开展标准化试点示范工作，并逐步把文化单位纳入试点范围是现阶段比较可行的途径。可以先把标准化基础比较好、与旅游联系比较密切的相关文化单位纳入试点，如图书馆、剧场、文化馆，后期逐步扩大范围（表2）。

（三）试点层级：以县区级行政区划为申请试点单位

在试点单位行政区划申请层级方面，54.4%的被调查者认为应以"县区级+地市级"申请。地市级业态相对完备，

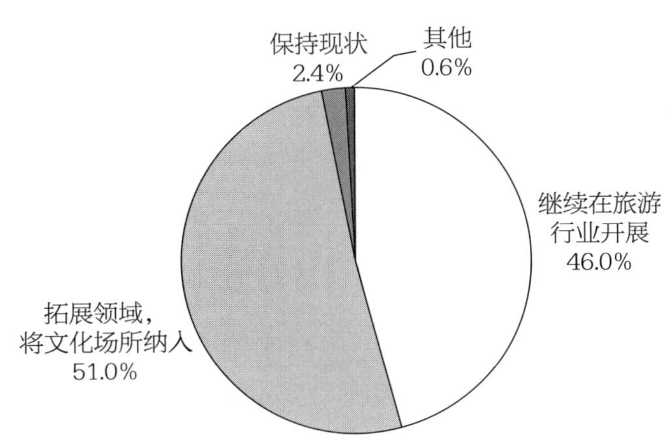

图 1　标准化试点示范工作开展领域

资源和人员调动能力较强，覆盖面较广。以县区为单位组织试点也具有明显的优势，主要有以下原因：首先从工作执行的角度出发，示范区越小越好，责任归属清楚，易于推动；其次，基层单位往往工作机构不健全，人员力量薄弱，标准化意识普遍不强，从县区开始试点，逐步扩大范围，更易将工

表 2　文化和旅游标准化试点领域建议

领域	是否开展标准化试点工作	原因	可纳入评估体系的重要标准
旅游	是	已开展四批全国性试点工作，前期经验积累比较丰富	《旅游区（点）质量等级的划分与评定》（GB/T 17775—2003） 《旅游饭店星级的划分与评定》（GB/T 14308—2010） 《旅游厕所质量要求与评价》（GB/T 18973—2022）
剧场	是	演出安全标准体系比较成熟，试点可聚焦剧院管理和服务，一些地方已经先行先试	《剧院演出安全等级分类》（GB/T 36728—2018） 《演出票务系统服务及技术规范》（WH/T 93—2021）
图书馆 文化馆	是	标准化基础比较好，可以多创联动，充分发挥标准作用，与本领域评估定级工作相结合	《公共图书馆服务规范》（GB/T 28220—2011） 《文化馆服务标准》（GB/T 32939—2016）
网络文化	是	已在福建、河南、安徽 3 个省份启动评估定级工作	《互联网上网服务营业场所服务等级评定》（GB/T 36746—2018）
文旅融合专项	是	可选择一些文化和旅游融合程度比较高的业态，开展专项试点	选取具体融合领域标准
其他	否	其他领域因工作基础不足，或重要标准内容已纳入统一工作要求，并已在实际工作中落实等原因，暂不开展试点示范工作	—

作落到实处，见到成效，达到示范效果。根据前四批全国旅游标准化试点示范经验，有的省或者市成为示范单位之后，其下辖的市或地区为了进一步提升标准化工作水平，仍积极申请成为试点单位，这种做法值得鼓励，但也在一定程度上造成了区域概念混乱。因此，根据专家意见和旅游标准化试点实践经验，课题组认为文化和旅游标准化试点单位可以县区级行政区划申请。

（四）试点内容：优化标准供给结构，提升市场自主制定标准的比重

评估指标体系是整个试点示范工作的核心，是试点创建工作的指挥棒和“风向标”。调查问卷参考第四批全国旅游标准化试点单位实地验收打分表，从组织领导、国家标准和行业标准实施情况、地方标准、试点企业和综合效应五个维度设置了 38 个具体评价指标让调查者选择。调查结果显示，被调查者认为各个具体指标都具有较高的重要程度。具体而言，组织领导、国家标准和行业标准实施情况两个层面的各个指标的综合重要程度相对更高，而地方标准、试点企业和综合效应层面的指标综合重要程度相对较低，其中试点企业层面的最低（图 2）。

相对于地方标准和企业标准，国家标准和行业标准的级别高、权威性强、适用性广，但制修订周期长，难以及时针

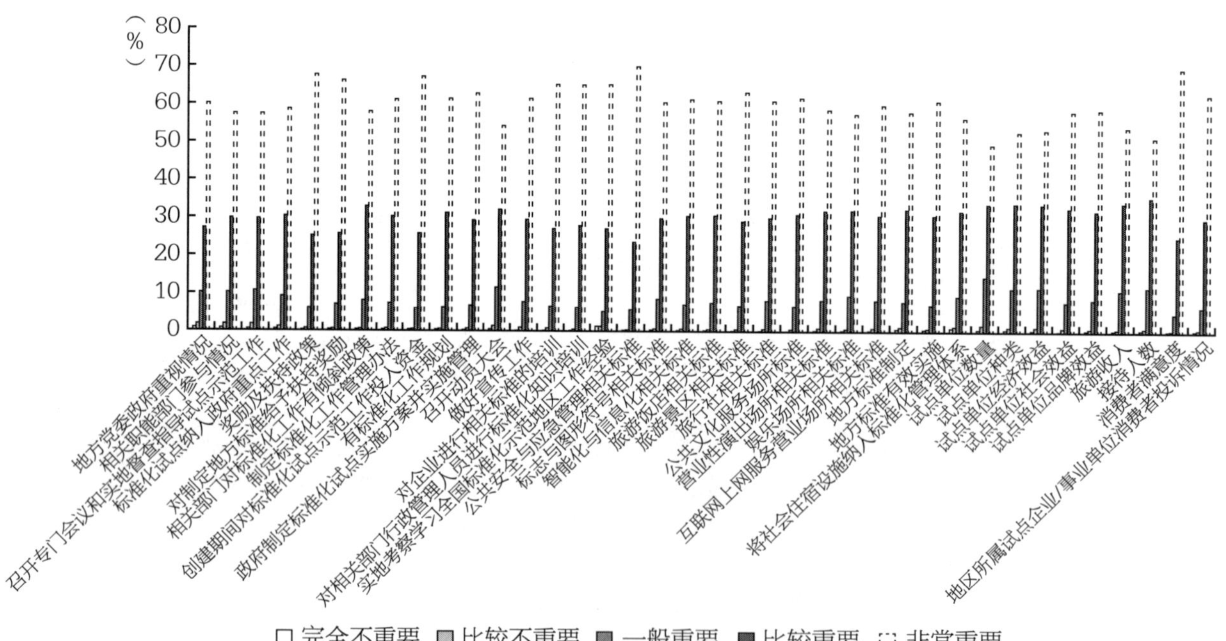

图 2　标准化试点评估指标重要程度

对市场情况做出调整。国际经验表明，团体标准和企业标准是提升产业竞争力的核心。《纲要》指出，要“大力发展团体标准，实施团体标准培优计划，推进团体标准应用示范……支持领军企业联合科研机构、中小企业等建立标准合作机制，实施企业标准领跑者制度”。示范单位是先进性的代表，在标准化建设中发挥着引领和辐射作用，因此在试点评估指标体系中应鼓励团体标准和企业标准的制定和实施，增加相关指标的比重。

（五）复核、推优与退出：以消费者满意和文旅融合发展为导向，简化评价指标，建立评估结果优秀的典型推广制和复核不合格的退出机制

示范单位的复核是标准化试点示范工作的重要一环，是巩固创建成果、加强对示范单位动态管理的必要手段。建议强化复核监督工作，完善推优和退出机制，以对示范单位形成激励和约束。在复核指标设置时，以消费者满意、目的地发展为导向，简化评价指标，兼顾指标的可量化、可考核性。

从对第四批试点单位的调研情况看，大多认为指标不宜设置太多，“另行设计复核指标，根据工作需要和现状适当简化”的占50.4%，而认为“根据新制定的试点评估指标进行复核”的占49.2%（图3）。为此，评估指标要结合试点目标和试点单位发展现状简化设置，着力于反映消费者满意、企业效率提升和旅游目的地发展，同时增加一些反映标准化长效保障机制建设的指标，达到以标准来推动企业实现可持续发展的目标。

（六）支撑系统：建立标准化试点平台系统，加强标准化人才培养

标准化系统平台和标准化人才是推动标准化工作的关键支撑。目前全国文化和旅游标准化领域还没有统一的平台。浙江省文化和旅游标准化技术委员会建设了“浙江省文化和旅游标准化”网站，收录文化和旅游类国家标准、行业标准、地方标准等资讯和信息，但并未包含标准化试点的有关内容。

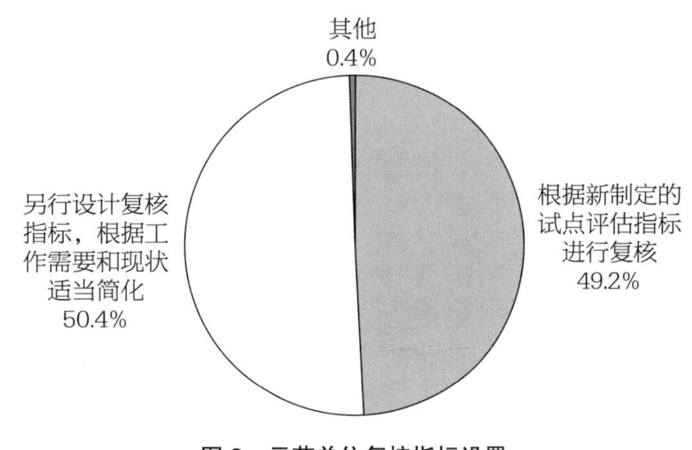

图3　示范单位复核指标设置

从事标准化工作的专业人才短缺是我国当前标准技术水平偏低的主要原因之一。问卷调查结果显示,“专业人才短缺(62.3%)”“资金保障不足(51.7%)”“政策支持不够(35.0%)”“协调推进机制不完善(30.7%)”是地方开展试点示范工作的主要困难(图4),其中人才问题高居第一位。

四、工作建议

(一)加强顶层设计和统筹管理,建立工作协调推进机制

标准化在促进文化和旅游发展中发挥着基础性、支撑性作用。在顶层设计中,重点兼顾不同领域、业态、行政区划的共性和特性,扩大标准化试点企业的种类和数量,充分发挥标准化促进产业融合发展的作用。文化和旅游涉及面广、关联部门多,经常出现“谁都可管,谁都不管”的局面。在标准化试点示范工作推进中,需要进一步完善工作协调推进机制,强化地区与地区、部门与部门、地区与部门间协调配合,理顺部门间职责分工,通力配合,齐抓共管,形成强大工作合力,协同推进标准化建设工作。

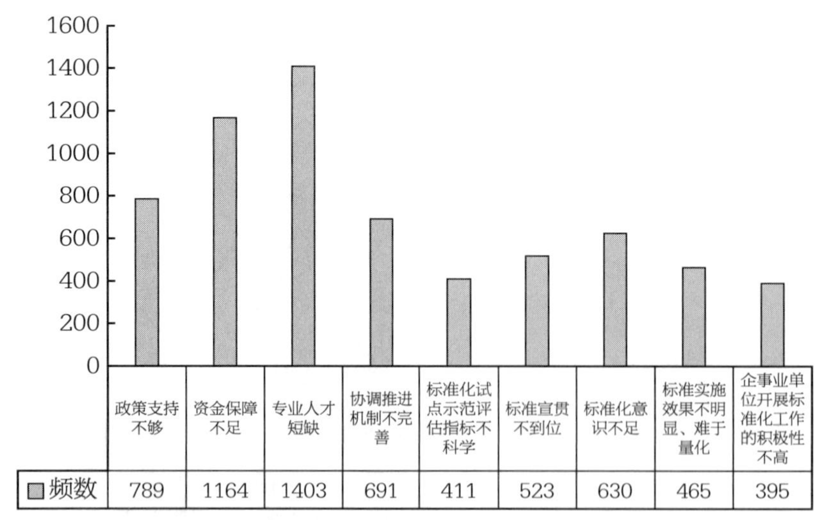

图 4　标准化试点示范工作存在的困难和问题

(二)提升标准的社会参与度与市场化程度,推动团体标准和企业标准发展

《纲要》提出,到 2025 年要实现“四个转变”,充分释放市场主体标准化活力,优化政府颁布标准与市场自主制定标准二元结构,大幅提升市场自主制定标准的比重。我国文化和旅游行业团体标准和企业标准的发展还处于初级阶段,相关标准数量较少,采纳实施的程度也比较低。政府主管部门应进一步加强引导,通过试点示范工作,一方面推进团体标准应用示范,充分发挥技术优势企业作用,鼓励社会团体制定原创性、高质量标准;另一方面引导企业摒弃“等靠要”思想,鼓励企业构建技术、专利、标准联动创新体系,支持领军企业联合科研机构、中小企业等建立标准合作机制。通过树立典型和资金政策支持,

鼓励和推动文化和旅游新产品新业态标准的研制。

（三）面向行业创新发展，鼓励文化和旅游融合业态、新产品新业态标准的研制

《“十四五”文化和旅游发展规划》强调，要“推进文化和旅游业态融合、产品融合、市场融合，推动旅游演艺、文化遗产旅游、文化主题酒店、特色节庆展会等提质升级，支持建设集文化创意、旅游休闲等于一体的文化和旅游综合体……建设一批国家文化产业和旅游产业融合发展示范区”。文化和旅游融合发展示范区的建设离不开标准的支撑和引领，文化和旅游融合业态的相关标准还比较缺乏，有待尽快完善。

随着消费需求的多样化和数字经济的发展，文化和旅游新的消费增长点不断涌现。在新产品、新业态逐渐规模化的过程中，部分市场管理机制更新不及时，乱象频生，引起诸多次生问题和矛盾。需及时制定出台相关产品和服务标准，为新产品新服务进入市场提供保障。对一些发展相对成熟的新业态，要鼓励龙头企业和行业协会主动制定团体标准、企业标准，参与制定行业标准，提升产品质量和服务水平。现阶段，数字化、网络化、智能化已经成为文化和旅游行业的突出特征和发展方向，要深入推进数字文化产业、智慧旅游相关标准建设，对在线旅游等新兴业态加强监管。另外，新冠肺炎疫情的暴发使得游客对旅游安全的关注度大幅提高，疫情防控成为行业主管部门和目的地工作的重中之重，亟须出台相关标准进行引导和规范，建立常态化的“标准化治理机制”。

（四）建设标准化试点示范平台系统，培育标准化数字化发展生态

当前的试点示范工作信息化水平有待提升，标准和数据的共建共享机制尚未建立。全国标准信息公共服务平台（http://std.samr.gov.cn/）在“示范试点”栏目中列示了第一批和第二批全国农村综合改革标准化试点示范项目，为相关领域的参与者和研究者提供了便利的信息来源渠道。社会管理和公共服务综合标准化试点工作建设了社会管理和公共服务综合标准化试点项目管理信息系统（http://smps.cnis.ac.cn/），实现了统一数据采集和数据管理。

文化和旅游标准化试点示范工作宜建立相关系统平台，依托平台开展线上免费的数字化教学和专项培训，实行授课志愿者招募和优秀课程评选，开展系统化、专题化标准教学和在岗培训。构建标准查询、标准研究、标准化试点示范信息填报等数据系统，形成规范化、标准化、清单化的数据采集汇聚系统，提升标准化工作的数字化、网络化和智能化水平。归集各试点单位的创建过程和成效，总结试点经验，在平台进行宣传推广，形成标准建设的共建共享机制，助力文化和旅游业高质量发展。

（五）加强标准化人才队伍建设

多措并举，加强标准化人才队伍建设。将标准化纳入普通高等教育、职业教育和继续教育，开展专业与标准化教育融合试点。桂林旅游学院和浙江旅游职业学院在人才培养、标准体系建设、旅游标准制修订等方面做出了积极贡献，相关模式可以推广。构建多层次从业人员培养培训体系，开展标准化专业人才培养培训。基层人才缺乏是制约标准化建设的重要因素，应进一步夯实基层人才队伍，引导标准化专业技术人才向边远地区和基层一线流动。完善分级分类培训，举办全国文化和旅游标准化人才高级研修班，开展基层标准化工作队伍培训。

（六）强化政策引导和社会参与

提高标准化意识，加强标准化建设，离不开政策引导。调研结果显示，"政策支持不够"是标准化试点示范工作面临的主要困难之一。调查问卷收集上来的综合意见建议中，"加强政策引导"也是大家关注的重点。《纲要》指出，"到2035年……市场驱动、政府引导、企业为主、社会参与、开放融合的标准化工作格局全面形成"。2022年5月，文化和旅游部科技教育司就《文化和旅游标准化工作管理办法（暂行）》向社会公开征求意见，征求意见稿中鼓励企业、社会团体和教育、科研机构等开展或者参与文化和旅游标准化工作。建议各地区各有关部门要继续强化金融、信用、人才等政策支持，促进科技、产业、贸易等政策协同，通过多种手段引导社会力量参与文化和旅游标准化工作。

（执笔：中国旅游研究院 蒋艳霞 唐晓云）

旅游标准化工作
落实《国家标准化发展纲要》的解析与思考

刘建明　牟　琳

中共中央、国务院于2021年10月印发了《国家标准化发展纲要》(以下简称《纲要》),《纲要》进一步强调了标准化工作的重要性，明确了当前和今后一个时期我国各行各业标准化工作的方向和重点，是我国标准化事业发展史上的重要里程碑，对推动旅游业高质量发展具有重要意义。

一、标准化工作对旅游业高质量发展的促进作用

近年来，党中央、国务院高度重视标准化在促进高质量发展中的作用。2017年中央经济工作会议强调，必须加快形成推动高质量发展的指标体系、政策体系、标准体系、统计体系、绩效评价和政绩考核。2018年，习近平总书记主持召开中央全面深化改革委员会第四次会议，审议通过《关于推动高质量发展的意见》，明确要求加快形成推动高质量发展的标准体系。2019年，习近平总书记在致第83届IEC大会贺信中指出:“中国高度重视标准化工作，积极推广应用国际标准，以高标准助力高技术创新，促进高水平开放，引领高质量发展。”2021年,《纲要》开篇指出新时代推动高质量发展，迫切需要进一步加强标准化工作，要求加快构建推动高质量发展的标准体系，这是根据标准化发展阶段、发展环境、发展条件作出的科学判断，是对中共中央、国务院关于标准化工作要求的贯彻落实。《纲要》对标准国际化工作给予了指引，提供了保障，为旅游标准国际化提供了有利的制度环境和政策依据。

当前，百年变局和世纪疫情交织叠加，不稳定性和不确定性显著上升，我国经济已由高速增长阶段转向高质量发展阶段，正

处在转变发展方式、优化经济结构、转换增长动力的历史节点上，立足新发展阶段、贯彻新发展理念、构建新发展格局，解决发展质量和效益不高问题，提高全体人民对国家发展成果的获得感、幸福感成为社会经济发展和国家治理的重大课题。

作为国民经济重要组成部分，旅游业始终以满足人民美好生活需要为根本目标，不断从"高速度"向"高质量"转型发展，取得了显著成效，主要包括持续加大旅游基础设施建设力度，游客服务中心等配套设施不断完善；全域旅游、乡村旅游、红色旅游、度假休闲旅游加快发展，研学旅游、体育旅游、中医药健康旅游、邮轮旅游、冰雪旅游等业态不断丰富；"互联网＋旅游"深入推进，旅游景区便利化、智能化水平不断上升，旅游监测监管能力稳步提升，旅游体验持续改善。

同时，旅游标准化发展也迈上了新台阶。从1995年至今，旅游标准化工作从引进、消化、吸收的跟随式道路走向创新、引领的发展式道路，积累了大量成功经验和实践成果。当前，各级旅游标准化机构逐步建立完善，在全国旅游标准化技术委员会号召下，20余省市建立了地方旅游标准化技术委员会，基本实现上下联动的工作模式；旅游标准体系持续更新，历经2000版、2009版、2015版、2020版4次修订，旅游标准体系符合旅游业新常态的发展需求；多元化开展旅游国家标准和行业标准汇编与解读工作，并组织全国旅游标准化工作培训班，实施旅游标准绩效评估；重点标准辐射和带动作用较强，星级饭店、A级旅游景区等老牌旅游标准较好地带动了相关业态旅游标准化建设，旅游民宿、自驾游等新业态标准积极引导产业优化布局和企业良性发展；标准推广落实效果良好，对标评定获得相应等级及称号的旅游企业超2万家①；鼓励地方旅游标准化培优工作，开展4批共201个试点单位的旅游标准化试点示范工作，组织优秀地方旅游标准遴选活动，推出了一批有特色、实用性好的旅游地方标准。进一步强化标准化建设，不断优化旅游标准化治理结构，增强旅游标准化治理效能，提升旅游标准国际化水平，助推旅游业高质量发展，加快建设世界旅游强国。旅游标准化产学研体系有效运行，旅游头部企业标准化参与度较高。截至2022年8月，归口全国旅游标准化技术委员会的国家标准36个，行业标准71个②，涵盖旅游住宿、旅行社、旅游交通、旅游景区、旅游餐饮娱乐、商务旅游购物、

① 数据来源于中华人民共和国文化和旅游部2021年文化和旅游发展统计公报。

② 数据来源于全国标准信息公共服务平台机构检索－全国标准信息公共服务平台，https://std.samr.gov.cn/search/orgDetailView? data_id=9FED26A603FE2320E05397BE0A0A0353.

旅游教育研学、旅游市场监督管理等多类型标准，旅游标准基本实现全覆盖。

旅游标准化一直以来作为旅游业发展的重要技术支撑，是提高旅游服务质量的关键环节，是加强旅游行业治理和规范市场秩序的重要手段，是推动旅游创新和转型升级的重要力量，对提高游客满意度、促进社会经济发展具有十分重要的作用。鉴于我国旅游标准化工作正处于重要的战略机遇期，需要更为重视旅游标准化工作的重要作用，进一步加快旅游标准化工作进程，发挥标准化在推进国家治理体系和治理能力现代化中的基础性、引领性作用。

二、《纲要》对旅游标准化工作的新要求

《纲要》立足新时代推动高质量发展、全面建设社会主义现代化国家的要求，明确了我国标准化发展的指导思想、发展目标，从服务经济社会高质量发展和标准化自身发展两个方面部署了重点任务。对于旅游标准化工作,《纲要》一方面从提升保障生活品质的标准水平方面，提出了提高文化旅游产品与服务、消费保障、公园建设、景区管理等标准水平的明确要求；另一方面，旅游标准化发展也亟须与推动标准化改革创新和夯实标准化发展基础重大举措相结合，真正成为助推旅游业高质量发展的关键动力。因此，除了按照《纲要》要求进一步提升重点领域旅游标准水平，还应紧扣当前旅游标准化发展存在的短板和问题，从以下 5 个方面不断精准精进。

一是针对旅游标准化工作存在市场主体参与不够、活力不够，政府主导的公益类标准数量和规模相对过大、标准供给不及时，尤其是旅游团体标准发展滞后等问题。对此，需围绕发挥市场在标准化资源配置中的决定性作用，更好地发挥政府作用。结合《纲要》从两方面提出创新举措：一方面同步推进推荐性国家、行业和地方标准改革，优化政府颁布标准和市场自主制定标准二元结构，大幅提升市场自主制定标准的比重；另一方面，不断激发市场主体活力，建立健全政府颁布标准采信市场自主制定标准的机制，建立标准版权、标准交易制度、标准融资增信、标准创新型企业等制度，实施团体标准培优计划、企业标准领跑及对标达标行动等措施。从而充分发挥旅游市场对标准化资源配置的决定性作用。

二是针对旅游市场涌现了许多新业态、新产品，全域旅游和文旅融合也对旅游标准化工作提出了更高要求等问题。对此，需紧扣《纲要》提出的全域标准化深度发展的要求，推动标准化全面融入科技创新、产业发展、绿色发展、城乡建设和社会建设，实现农业、工业、服务业和社会事业等领域标准全覆盖，新兴产业标准地位凸显，健康、安全、环境标准支撑有力，建成推动高

质量发展的标准体系。从而不断更新完善全国旅游标准体系。

三是针对旅游标准化工作一定程度存在重标准制定，轻标准实施和监督的现象等问题。对此，需结合《纲要》强化标准全生命周期管理的相关具体措施。如在标准制定方面，持续优化标准制定流程、平台和工具，健全企业和消费者等相关方参与标准制修订的机制等。在标准实施方面，建立法规引用标准制度，依据标准开展宏观调控、产业推进、行业管理、市场准入和质量监管，健全基于标准或标准条款订立、履行合同的机制。在监督管理方面，健全标准制定实施全过程的追溯、监督和纠错机制，鼓励社会公众对标准实施进行监督；健全团体标准良好行为评价机制，实施企业标准自我声明公开和监督制度；开展第三方评估，加强标准复审和维护；建立标准实施举报、投诉机制。从而推动旅游标准实现全过程闭环管理。

四是针对我国已成为全球重要的旅游目的地和重要的旅游资源市场，旅游标准国际化进程却与我国国际地位不相匹配，特别是对接“一带一路”旅游发展的标准化需求还有较大差距等问题。对此，需积极领会《纲要》在推动中国标准“走出去”、国内国际协同发展等标准国际化发展路径上作出的重要部署。在推动中国标准“走出去”方面，要求积极参与国际标准化活动，推出中国标准多语种版本。支持企业、社会团体、科研机构等积极参与各类国际性专业标准组织。在国内国际协同方面，要求统筹推进标准化与科技、产业、金融对外交流合作，建立政府引导、企业主体、产学研联动的国际标准化工作机制，促进政策、规则、标准联通，推进中国标准与国际标准体系兼容。从而加快推进旅游标准国际化进程。

五是针对旅游标准化工作还存在基础性研究不足，相关调查研究不深，人才培养体系仍不完善等问题。对此，需把握《纲要》从强化工作基础和提高效率等角度提出的新举措。即在强化工作基础方面，加强标准化理论和应用研究，强化标准化研究机构建设，构建多层次从业人员培养培训体系，提升标准化人才队伍素质。在提高效率方面，完善专业标准化技术组织体系，健全跨领域工作机制，加强标准与质量基础设施融合发展，大力发展标准化服务业，进一步开展标准化试点示范，全面提升全社会标准化意识。从而进一步强化旅游标准化工作基础。

三、提升旅游标准化工作水平实施路径

一是健全旅游标准化工作机制。强化“政府部门指导、行业协会运作、企业共同参与”的旅游标准化工作机制，促进构建国家、省、市三级旅游标准化网络组织体系，鼓励有条件的地区建立区域性旅游标准化合作组织。联合省市旅游标准化组织，完善各级旅游标准化组织联动机制。

完善旅游标准编制的组织实施，规范标准编制管理，提升标准公开透明程度，严格标准评审流程，进一步提升旅游标准质量。

二是完善旅游标准供给体系。实施好《全国旅游业标准体系表（2020）》，根据旅游市场新需求、新业态、新产品，做好标准布局，规划编制《全国旅游业标准体系（2025版）》，完善由推荐性国家标准、行业标准、地方标准、团体标准等组成的旅游标准体系。拓展旅游标准覆盖范围，对旅游业与其他产业跨界融合产生的“旅游+”和“+旅游”新业态，优先开展文化和旅游深度融合、生态旅游、乡村旅游、“互联网+旅游”、红色旅游、研学旅行、智慧旅游和无障碍旅游等重点领域标准研制，及时补充和完善现有的各类旅游标准。

三是健全旅游标准宣贯实施体系。建立旅游标准化多方协同的工作模式，加大标准宣贯力度，丰富和创新旅游标准宣贯手段，构建多方式、多平台、全方位的旅游标准化宣传推广体系，提高行业的标准意识和认知水平。持续开展遴选优秀地方旅游标准系列活动，通过多种方式吸引更多旅游企业参与旅游标准化工作，激发企业对标达标积极性。开展旅游标准评定实施和旅游标准化试点示范工作，总结、推广、宣传旅游标准化试点示范经验。构建旅游标准实施效果评价指标体系，及时准确地监测标准的适用性和有效性，建立面向企业、行业和社会的旅游标准实施反馈渠道，总结运用标准实施情况数据，为标准修订、修改、研制提供参考和依据。

四是强化旅游标准化发展基础。加大旅游标准化基础理论研究力度，提高科技成果的标准转化率。加强与高等院校、科研院所、骨干旅游企业的合作，建立旅游标准化科研协作机制，提升旅游标准化科技水平。加强旅游标准化人才队伍建设，常态化开展旅游标准人才培训，加强国际旅游标准化人才交流，充实和完善旅游标准化专家库，发展壮大旅游标准化专家队伍，根据新技术、新业态的需要及时扩充更新旅游标准化专家。指导和帮助旅游企业加强标准化培训，提高旅游企业员工的标准化意识和专业能力。

五是提高旅游标准国际化水平。开展国际旅游标准科研交流合作，积极履行国际标准化组织成员国义务，开展国际标准研制合作，参与国际标准审查投票。加大国际标准研究力度，推动国际旅游标准的采标转化和联合研制。加强中国旅游标准与国际旅游标准的对比与分析研究。扩大旅游标准化的国际话语权，积极参与和举办旅游国际标准化活动和会议，重点探索和实施“一带一路”沿线国家旅游标准化合作机制，不断扩大中国在国际旅游标准界的话语权。

（作者单位：全国旅游标准化技术委员会秘书处）

旅游饭店星级标准的发展历程和未来方向

辛 涛

饭店星级标准在中国旅游标准化进程中起到了重要的引领作用，本文简要回顾其出台背景和取得成效，分析面临的形势和修订的方向。

一、饭店星级标准的出台背景和取得成效

20 世纪 80 年代初，随着国家的改革开放和旅游业的快速发展，传统的招待所、迎宾馆等住宿设施无论是从数量上还是质量上，都已经无法满足旅游发展的需要，建设一批符合国际水平的现代化饭店成为当时旅游经济发展的中心一环。

1982 年，北京建国饭店正式开业。邓小平等 16 位党和国家领导人对合资筹建该店做出圈示批准，央视对其开业仪式做了报道。3 万平方米的土地面积设计了 528 间客房，并配以酒吧、泳池等。饭店里有音乐表演，法式餐厅有美味大餐，都代表了当时最新的生活方式。建国饭店创造了我国饭店业发展史上的许多第一次：第一次引入国际资本开发；第一次采用投资人兼设计师的设计，花园式建筑风格独树一帜；第一次聘请国际知名的半岛饭店管理公司按照国际通行标准实施管理；第一次实行员工全员劳动合同制；第一次派主要管理人员出国长时间接受国际酒店管理的系统培训；第一次为员工设计专业工服；第一次为员工提供免费工作餐……所有这一切今天看来再平常不过的举措，当时却让国人感到是在开历史先河。以至不久，在总结建国饭店成功的管理经验后，国务院专门发文，要求全国学“建国”。也正是从这时起，全国开始了持续不断地兴建旅游

涉外饭店的热潮，一批又一批现代化饭店拔地而起。

然而，如何使斥巨资购买的先进建筑材料和设备设施科学、合理地使用搭配，产出专业的效果，从而让客人有更好的住宿体验、让投入有更好的投资回报，国人彼时在这方面还十分缺乏经验。为此，行业盼望着有关方面积极作为，尽快出台一部指导性规范，以实现与国际接轨。

1988 年，当时的国家旅游局参考饭店业发达国家的相关做法，并结合中国的具体实际情况，正式推出了《旅游涉外饭店星级标准》，并据此在全国饭店行业建立起了星级评定制度。这一制度的建立，对于促进饭店业规范开发和专业化经营，对于广大饭店行业从业者了解、掌握国际先进的理念和技术起到了巨大的推动作用。正是这套标准，使得饭店业在服务业中首先用现代化理念和技术建立起来了国家标准。也正是这套标准，极大地扩展了当时饭店业先进的理念和模式。一时间，“星级”成为各行各业体现质量的共同符号，后来陆续出现的“星级列车”“星级社区”“星级医院”……乃至“星级厕所”，无不源于饭店的星级符号，其作用和成果早已经载入了中国饭店业的发展史册。

二、饭店星级标准遇到的挑战

经过一个时期的高速发展，特别是进入新世纪后，旅游涉外饭店（当时的称谓）基本告别了短缺时代，呈现出如雨后春笋般的盎然生机。虽然这一时期酒店投资人逐步积累起了饭店开发与运营经验，但星级标准对于饭店开发商和运营者的指导作用依然存在，在产业不断发展、进步的行列中，星级饭店依然是住宿业质量管理的排头兵，而行业发展出现的一些新情况、新问题也呼唤着星级标准可以给出新的答案。此间还发生了一件大事，就是中国正式加入了世界贸易组织，至此，“旅游涉外饭店”的概念寿终正寝，星级饭店继续统领饭店行业。

而最近十年左右的时间里，则是饭店星级标准和相关制度遇到挑战的困难时期，这主要表现在：

第一，由于多种原因，星级的影响力已经明显衰减。特别是星级标准的局限性使得迅速发展起来的经济型饭店和中档饭店群体始终没有纳入星级体系，星级的覆盖领域开始相对萎缩。之后陆续出现的住宿产业的新型业态也都因为类似情况游离于星级制度之外。

第二，在星级标准覆盖最严密的高端饭店，情况也不乐观。在总量超过 800 余家的五星级饭店中，名实不符的有、基本达标的有、远高于一般五星级标准的也有，以至于一些市场分析机构还做出了所谓“国内五星”和“国际五星”的分类。同在五星级名下的饭店在设备、服务、价格和体验性方面也存在着一定差异，个别星级饭店名不副实，不光引起消费者的不满，甚至引发媒体诟病。

第三，饭店星级评定本来是住宿行业区分等级的一种技术手段，专业性很强，但在特定的历史条件下，其功能部分被异化。某些地方政府为彰显政绩，把开发建设五星级饭店作为承诺写入政府工作报告，将专业工作政治化操作，催生出了一批本不具备生存条件却硬性建造的案例，也催生出了一批完全不考虑市场需求，盲目兴建的五星级饭店。

第四，近年来，公款消费的状况有极大的改变。在反腐倡廉的背景下，一部分人群误认为五星级饭店即代表腐败，而忽略了高品质服务和高标准管理的核心内容。对有些饭店来说，五星级的牌子不但于生意无补，反而阻挡了一部分客人。于是，一些高档饭店便主动规避五星级，五星级饭店的存量出现了负增长，星级饭店的吸引力进一步降低。

综上所述，经过30年的运转，饭店星级评定制度经历了无限的辉煌，累积下了很多经验，也存在一定问题，但是星级饭店仍然是旅客心目中质量的保证，是人民美好生活的重要组成部分。

三、饭店星级标准的未来

面对挑战，有关部门和行业一直在积极作为，在国家旅游局的主导下，1997—2010年曾3次对星级饭店标准进行了重新修订，起到了让标准同不断发展和变化的行业与时俱进的效果。2021年，为了使饭店星级标准能够尽量与行业发展、社会进步同轨，文化和旅游部决定再次修订标准，笔者作为修标小组的成员，参与了为时一年的工作，感受到推进旅游标准化工作确实面临着许多新情况和新问题，需要做好调查研究，需要深入思考、集思广益，需要坚定信心、克服困难，更需要守正创新。

（一）在坚持中发展

在调研中，我们了解到虽然行业内对是否继续坚持星级制度存在一些不同意见，但更多的同行认为星级制度对于当下中国住宿业而言，有其存在的必要和发展的空间，应该予以坚持。星级这块牌子还是应该不断擦亮，落实好文化和旅游部领导提出的“扩大队伍、优化结构”的要求。

为此，我们确定了修标工作的基本原则和指导思想——修订后的“标准”应该对饭店业的发展更具指导意义，并实现以下基本目标：一是有利于贯彻、落实国家的法律法规和大政方针；二是有利于提升饭店开发建设和经营管理的专业化水平，提升宾客的住宿体验；三是有利于实现扩大星级饭店队伍；四是有利于优化星级饭店结构；五是有利于与时俱进地拥抱数字时代；六是有利于引导行业更加重视低碳环保；七是有利于合理减轻企业负担；八是有利于企业对“标准”的正确理解；九是有利于星级评定人员的检查操作。

（二）不做颠覆性改造

在调研中，我们认识到对应如今的整个住宿业，星级标准确实显现出很多不适应性以及其他问题，特别是中、低端饭店和头部奢华饭店的发展明显有别于传统星级模式，其“小而精”的模式更加符合市场化的趋势。但考虑到标准一路走来的现实情况，即目前有过万家饭店采用传统星级标准（“大而全”模式）开发、运营的现实，以及两种发展模式在标准制定中的排他性，此次修标，尚不具备对现有星级标准做颠覆性改造的客观条件。

（三）聚焦关键领域进行突破和创新

在前两个调研基础上得出新版标准修订，总体上仍然要延续既往标准的原则和框架，但也应该在需要且条件具备的领域做出重要突破和创新，主要集中在：一是为实现优化结构创造条件——重新确定、完善白金五星级标准；二是与时俱进地拥抱数字时代——在对受检饭店的运营质量进行评定的内容中，引入了网络评价；三是着眼于扩大队伍，同时规避中、低端饭店的运行模式与传统星级标准难以兼容的现实问题，考虑商业品牌的认证机制。

（四）广泛吸取建议

在调研中我们还听到了广大同行对标准具体条款的很多富有建设性的意见，这也从一个方面反映出大家对新标准的热切期待，修订的过程中对此都予以充分地采纳。主要体现在以下方面：一是系统性梳理各条款的排列组合，使各个模块的名、实更加相符。即总则（所有星级饭店都必须遵守的条款）、附录 A（必备条件）、附录 B（设备设施评分表）、附录 C（运行质量评分表）。二是进一步明确各模块的功能。附录 A 聚焦于解决“有没有”的问题，将体现“好不好”的要求尽量放入附录 B。三是进一步梳理“得分项”和“减分项”。四是能简则简。将《旅游饭店星级的划分与评定》文字大幅度减少、大幅度简化“规范性引用文件”；删除那些过时的、无现实存在价值以及客人无感的内容，重视影响客人体验的细节；在保证服务品质的前提下，围绕低碳环保以及降低企业投资和运营成本做出修改。

我们希望，此次修订工作能够使得已诞生 30 余年的饭店星级标准能够更加贴近行业实际，对业界同行在从事饭店的开发和经营管理过程中提供更多、更有价值的帮助。并通过后续在相关制度和评定流程上的改进和优化，能够使得旅游饭店星级评定工作展示出更多的价值，为饭店业做出新的贡献。我们也希望，国家的旅游标准化建设不断取得新的成果，为实现旅游业的繁荣发展，为实现满足广大人民群众对美好生活的向往而助力。

（作者单位：中国旅游饭店业协会）

旅游景区标准化的思路与策略

周建明　宋增文　陈瑾妍　沈　薇

旅游景区是旅游业发展的重要依托，标准化是旅游景区高质量发展的支撑和保障。经过原国家旅游局和现文化和旅游部的大力推动，旅游业界多年的努力，我国旅游景区标准化工作稳步推进，形成了系列旅游景区相关标准，包括国家标准、行业标准、地方标准、团体标准、企业标准等，并建立起了多个标准化试点景区。

一、旅游景区标准化的现状与问题

（一）旅游景区标准化政策要求

国家高度重视旅游标准化工作，通过各类政策文件强调了“标准化”。2014 年的《国务院关于促进旅游业改革发展的若干意见》（国发〔2014〕31 号），多次提到标准化工作，包括“统一国际国内旅游服务标准”“推动旅游服务向优质服务转变，实现标准化和个性化服务的有机统一”“制定旅游信息化标准，加快智慧景区、智慧旅游企业建设，完善旅游信息服务体系”等内容。2015 年,《国务院办公厅关于进一步促进旅游投资和消费的若干意见》（国办发〔2015〕62 号）中指出“建立健全旅游产品和服务质量标准，提升宾馆饭店、景点景区、旅行社等管理服务水平”。从内容看，国家将旅游景区标准化工作提到了优质服务的高度。

2021 年 10 月中共中央、国务院印发的

景区观景台

图片来源：摄图网

《国家标准化发展纲要》，明确提出了要“建立健全生态旅游等绿色发展标准”，要“围绕推进度假休闲、乡村旅游、民宿经济、传统村落保护利用等标准化建设”，要提高“文化旅游产品与服务、消费保障、公园建设、景区管理等标准化水平”。这不仅将景区标准化建设纳入国家战略，而且具体指明了生态旅游、绿色发展、乡村旅游、传统村落保护、景区管理等领域景区的标准化工作的重点方向。

2021 年 12 月国务院印发的《“十四五”旅游业发展规划》（国发〔2021〕32 号）对旅游标准化乃至景区标准化工作提出了更为明确的要求。提出要“坚持标准化和个性化相统一，优化旅游产品结构、创新旅游产品体系”，在“建设一批世界级旅游景区”相关部分，提出要“完善标准指引，统筹资源利用，强化政策支持，保障要素配置，稳步推进建设，打造具有独特性、代表性和国际影响力的世界级旅游景区”。该规划特别重视乡村旅游标准和旅游新业态标准，提出要“加强重要农业文化遗产挖掘、保护、传承和利用，建立完善乡村休闲旅游服务标准体系”，要“依托森林等自然资源，引导发展森林旅游新业态新产品，加大品牌建设和标准化力度”，既突出了标准化的引领作用，又再次强调了旅游景区标准化的重点与方向。

（二）旅游景区标准制定情况

截至 2022 年 10 月，根据“全国标准信息服务平台”的统计，我国共发布了旅游景区相关国家标准 19 项、行业标准 19 项，这些标准均为推荐性标准。各省出台的旅游景区地方标准 269 项。中国旅游景区协会等团体也发布了 32 项旅游景区团体标准，部分相关企业也制定了 15 项景区企业标准。各类标准的相继出台，特别是 A 级旅游景区等级评定的国标和旅游景区分类的团标，使我国旅游景区标准化得到广泛认同并取得了较好的实效（表 1）。

1. 国家层面旅游景区标准

国家出台了系列相关或针对旅游景区的标准，包括国家标准和行业标准。包括旅游资源调查（《GB/T 18972—2017 旅游资源分类、调查与评价》）、旅游规划编制（《GB/T 18971—2003 旅游规划通则》）等相关基础、支撑性标准，以及旅游景区相关类型标准（这里不纳入本研究），如《GB 50298—1999 风景名胜区规划规范》《GB/T 51046—2014 国家森林公

表 1 各类旅游景区标准制定情况

标准类型	数量	子类	数量
国家标准	19	—	—
行业标准	19	LB 旅游	16
		RB 认证认可	1
		QX 气象	1
		GA 公共安全	1
地方标准	269	各省地标	/
团体标准	32	中国旅游景区协会团标	5
		中国旅游协会团标	3
		中国标准化协会团标	1
		中国风景名胜区协会团标	1
		中国工程建设标准化协会团标	1
		其他团体团标	21
企业标准	15	—	—

资料来源：全国标准信息服务平台 https://std.samr.gov.cn/；地方标准信息服务平台 https://dbba.sacinfo.org.cn/；全国团体标准信息平台 http://www.ttbz.org.cn；企业标准信息服务平台 https://www.qybz.org.cn/；及相关网站。

园设计规范》《LY/T 1755—2008 国家湿地公园建设规范》等。专门为旅游景区设置的国家标准和行业标准就有38项。

国家层面的旅游景区标准，大致包括五个方面：一是景区质量等级标准《GB/T 17775—2003 旅游区（点）质量等级的划分与评定》。二是专类的旅游景区标准，如《GB/T 16767—2010 游乐园（场）服务质量》《LB/T 082—2021 旅游休闲街区等级划分》《LB/T 037—2014 旅游滑雪场质量等级划分》《LB/T 051—2016 国家康养旅游示范基地》等。三是旅游景区设施与服务标准，如《GB/T 26355—2010 旅游景区服务指南》《GB/T 31383—2015 旅游景区游客中心设置与服务规范》《GB/T 31384—2015 旅游景区公共信息导向系统设置规范》等。四是景区生态与环境承载力标准，如《GB/T 41011—2021 旅游景区可持续发展指南》《LB/T 015—2011 绿色旅游景区》《LB/T 034—2014 景区最大承载量核定工作导则》等。五是景区信息化建设标准，如《GB/T 30225—2013 旅游景区数字化应用规范》等。

国家层面还在编制或修订一批标准，包括正在修订新一版的旅游区（点）质量等级的划分与评定标准，编制漂流景区旅游服务规范、休闲农庄星级划分与评定、旅游景区电子门票管理导则等。旅游景区标准体系正不断得到更新和完善。

2. 地方层面旅游景区标准

各地也陆续出台了大量的地方标准，用于规范行政区域内的旅游标准化工作。从数量看，地方标准逐渐增多，以“景区”为关键词在“地方标准信息服务平台”上搜索，得到现行地方标准269项。在标准制定内容上，涵盖了景区服务质量、安全管理、交通服务、演艺服务、解说管理、智慧旅游等各方面。部分著名景区还推出了自身的旅游服务管理标准，如山东《DB37/T 951—2007 三孔名胜景区服务规范》、吉林《DB22/T 456—2020 长白山景区生态旅游服务质量规范》、山西《DB14/T 163—2007 乔家大院景区服务规范》等。

3. 团体与企业层面旅游景区标准

根据国务院2015年印发的《深化标准化工作改革方案》（国发〔2015〕13号），团体标准和企业标准为市场自主制定的标准。团体标准是由具备相应专业能力和技术水平的学会、协会、商会等团体制定发布并由社会自愿采用的标准。旅游景区相关团体标准快速响应市场需求，正在逐渐增多。以“景区”为关键词在团体标准信息服务平台搜索，得到现行团体标准32项。制定单位包括中国旅游景区协会、中国旅游协会、中国标准化协会、中国风景名胜区协会及各省市旅游协会等。

中国旅游景区协会作为各类旅游景区及其相关单位组成的全国景区行业协会，近年利用旅游景区协会景区标准专业委员会的技术平台，发布了5项团体标准，分别是《T/CTAA 0001—2019 旅游景区分类》《T/CTAA 0002—2020 旅游景区预约游览服务规范》《T/CTAA 0003—2020 旅游景区应对重大传染病疫情类突发公共卫生事件的运营指南》《T/CTAA 0004—2021 景区职业经理人资质等级划分与评定》《T/CTAA 0005—2022 旅游景区游客满意度线上评价指南》，形成了旅游景区分类的基础性标准，并结合团体构成单位的需求，编制了景区预约游览、景区应对突发事件、景区职业经理人、景区游客满意度线上评价等提升景区发展质量的团体标准。

企业标准是在企业范围内，根据需要自主制定的标准。以“景区”为关键词在“企业标准信息服务平台”搜索，可搜索到现行旅游景区相关企业标准有15项。

（三）旅游景区标准化试点开展情况

在国家的大力支持和推动下，国家旅游局自2010年3月起，在全国范围内实施了两年一个周期的旅游标准化试点示范工作。国家标准化管理委员会和各省质量技术监督局也从2007年起大范围开展了国家和省级服务标准化试点建设工作，其中就有一些景区标准化的建设。在现已开展了景区服务标准化试点的众多旅游景区中，就有北京天坛、四川九寨沟、杭州西溪湿地、江西三清山等。部分试点景区取得了良好的经济效益和社会效益，在全国形成了示范效应。

（四）旅游景区标准化面临主要问题

虽然我国旅游景区标准化取得了一定成效，但同时也面临一些问题[①]。一是旅游景区标准体系仍不够完善。景区基础性标准不够健全，如旅游景区规划建设相关标准有所缺失；标准针对的旅游景区类型单一，不够全面，如文化遗址类景区相关标准缺失，对近年来快速发展的新兴景区也关注不足等；现有标准主要针对硬件设施，对对游客体验影响明显的服务、解说等软件服务的关注不足。二是地方标准多（269项）、团体标准少（32项），这与国家现阶段倡导的强化团体或联盟标准的目标要求不一致。国家标准、行业标准、地方标准、团体标准、企业标准等各层级间的标准衔接与传导不畅，缺少有效的协同机制和平台。存在同一内容的标准，既有国家标准或行业标准又有同名地方标准的情况。三是相当一部分的旅游景区标准

① 孙璐．我国旅游景区标准化研究及应用［J］．商场现代化，2017（6）：221-223.

指导性不够强、影响力不足，导致一些旅游景区主体应用标准的积极性不高；除了一些相关强制性标准和国家品牌评定的标准外，多数标准执行监管力度有待加强，标准执行缺乏约束。四是旅游景区标准化人才缺乏，标准制定多方参与不够，标准制定主体代表性、覆盖面不够。地方政府、科研机构、景区企业间缺少有效的合作沟通机制，特别是旅游者参与度不高，标准对企业、消费者利益体现不足。上述几方面的问题，最终导致标准内容的实施性不强的现象较为普遍。

二、旅游景区标准化的作用与意义

（一）旅游景区标准化对景区发展的意义

1. 为旅游景区的开发和管理提供规范指引

标准化工作的开展可为不同类型的景区明确自身管理要求和质量水准。通过标准的设立与执行，可以形成景区的“标准化”管理，形成常态化的管理制度以及长期稳定的发展愿景，有效地改变景区“随意性”发展局面。通过制度进行规范和约束，景区的各项管理要求符合预期，提高企业管理的效率，同时景区使得能在稳定长远的目标下可持续发展。

2. 为旅游景区的高质量发展提供参考标杆

标准化可为旅游景区的高质量发展提供参考标杆。通过对标准化指标体系的分类、分级细化规定，景区能随时进行自查与对标，实现目标导向明确的高质量发展，同时也有利于实现旅游景区服务质量的稳定。无论旅游景区的管理人员与工作人员如何更迭，都可以在标准化准则的指引下，延续其开发建设及管理服务的目标、内容与水平，从而实现旅游景区服务质量的稳定。

3. 提高旅游景区的综合竞争力

旅游景区标准化建设，有利于塑造品牌、拓展市场，促进竞争力的提升。景区通过标准化，可规范旅游服务行为，完善旅游接待设施，提升景区品牌形象。旅游景区通过品牌影响力的确立，旅游产品的更新，服务质量的提升，知名度与美誉度的增加，来提高自身在旅游市场的综合竞争力，旅游景区的标准化建设与管理是实现这一目标的重要途径。

（二）旅游景区标准化对行业管理的意义

标准化是旅游行业管理的主要手段。旅游景区标准化能够全面提高旅游景区行业管理水平，提高我国旅游景区的产业素质。标准化有利于促进旅游景区行业素质提高的监督管理，为规范、高效的行业管理提供科学依据。标准化对旅游景区的经营管理者提出产品和服务两方面的要求。监管部门可以依据相应的标准体系来对旅游景区提供的产品和服务进行检查和监督。旅游景区标准化作为景区、管理者、游客三方面利益相关者的纽带，将他们连接起来，形成良性循环的、以结果为导向的持续改进机制，从而使行业素质得到提高。景区标准化能让景区监督管理部门有据可依，以便确立有效的监督管理流程与科学的参考指标，从而实现行业管理的规范化与高效化。

（三）旅游景区标准化对游客体验的意义

旅游景区标准化可以促进发展高品质、标准化的景区，提升游客满意度。景区标准化使得景区的服务流程得到确立、服务质量得到稳定保证并不断提高，可以有效地提高游客满意度与忠诚度，从而提高游客的重游率。

三、旅游景区标准化的方向与对策

基于国家要求、发展需要，应持续不断加强旅游景区标准化工作，促进旅游景区标准化走向更加完善。具体包括：建立科学、严密的旅游景区标准体系，通过政府、研究机构、市场主体多方参与进行科学制定，强化旅游景区标准的科学性与可操作性，通过信息化强化标准化，通过人才培养等确保旅游景区标准化持续发展。

（一）构建科学合理的旅游景区标准体系

旅游景区标准体系，可以包括景区基础标准、规划建设标准、要素配置标准、技术应用标准、支持系统标准等类型。旅游景区标准体系还要能够依据内部和外部环境变化及时调整[①]。制定切合实际的旅游景区标准体系，是推进旅游景区标准化的基础。应建立旅游景区标准体系架构，确保旅游景区标准具有全面性、系统性。尤其要强化团体标准的制定，适度引导地方标准的数量。可以结合我国旅游标准体系的完善，逐渐更新和完善旅游景区标准体系。

（二）促进多元主体共同参与旅游景区标准化

在以往旅游景区标准的编制、贯彻和认证中，常常缺乏政府等机构之外的相关利益方的参与，尤其缺少旅游景区企业机构和旅游服务的需求方——旅游者的参与，标准化只体现了行业管理的意志，较少顾及其他相关利益方的诉求。未来多元主体共同参与景区标准化将是大势所趋。政府给予引导，行业协会等民间机构参与标准的具体制定，同时聘请第三方专业机构进行认证和监督，调动旅游者参与标准化建设的热情，进而吸引市场主体的参与[②]。

① 梅姝．旅游景区标准化建设思路探讨［J］．农村科学实验，2018（1）：1.

② 邱萍，魏玲丽，冉杰．旅游服务标准化建设现状与问题研究［J］．经济师，2015（7）：132-135.

（三）强化旅游景区标准的可操作性

针对目前较多旅游景区标准可操作性不强的问题，未来旅游景区标准的可操作性提升应成为重要方向。旅游景区标准相关内容要求应具体、可实施，使景区标准切实可行①。未来旅游景区标准将通过定量化要求，来实现标准要求的可量化考核。同时旅游景区标准将可采取图文结合形式，通过细化、具体化实施要求等，以生动、形象、准确的流程示意图等来强化旅游景区标准的可操作性。

（四）加大旅游景区信息化标准建设

随着我国信息化技术的不断进步，以及移动互联网时代的深入，旅游景区必须把信息化建设纳入标准化建设之中②。旅游景区标准化要加大对景区信息服务建设的力度，努力打造景区信息化管理是景区标准化建设的重要内容。包括网络建设、信息门户建设、客户端软件建设、自动化办公系统、信息监控、电子巡查、电子导览、电子导游、多媒体信息展示和自助查询、实时信息播报、电子商务等方面，为打造数字化景区提供标准支持。

（五）培养旅游景区标准化专业人才

目前旅游景区标准化专业人才缺乏，未来要加强旅游景区标准化人才队伍建设。应根据旅游景区特点，一方面是培养既明晰景区管理实操，又有景区标准建设专业技能型人才；另一方面是面向景区工作人员强化专门培训，提高景区人员素质，不断提高旅游景区行业标准化专业水平，积累一批标准化工作的骨干队伍，有效促进旅游景区标准化工作。

四、总结

旅游景区标准化是全国旅游业标准体系的重要领域。在国家大力支持旅游标准化背景下，我国旅游景区标准化得到了稳步推进，取得了一定成效。我国建立了系列旅游景区相关标准，包括国家标准、行业标准、团体标准、地方标准、企业标准等，也建立起了多个标准化试点景区，旅游景区标准化工作取得了一定成绩。但同时我国旅游景区标准化也面临一些体系不完善等方面的问题。随着我国旅游标准化的发展，旅游景区标准化将走向更加完善。

（作者单位：中国城市规划设计研究院文化与旅游规划研究所）

① 邱萍．旅游景区标准化服务模式研究［J］．桂林旅游高等专科学校学报，2006（5）：532-535.

② 陈思嘉，何英蕾，李江虹，等．景区标准化建设对策分析［J］．中国标准化，2014（9）：64-67.

国家标准引领下的我国旅游度假区发展

邬东璠[1] 王彬汕[2] 农丽媚[3]

旅游度假区①是一个具有中国特色的创新概念，充分融合了我国体制机制的独特性，以及现实发展阶段的需求。近十余年来，旅游度假区在供需双轮驱动下，发展态势喜人，从数量到质量都在不断提升。其发展已走过了两个历史阶段，并正在迈入第三个阶段。从20世纪90年代政府主导下的第一代旅游度假区到近十年来政府引导多元参与的第二代旅游度假区，再到目前正在发展的倾向于市场主导的第三代旅游度假区，伴随着不同阶段的时代特征变化，旅游度假区的内涵越来越清晰，模式越来越多元。其中，国家标准《旅游度假区等级划分》(GB/T 26358)(以下简称《标准》)在第二个阶段起到了非常关键的引领作用，并将在第三个阶段对旅游度假区在新时代的进一步高质量发展发挥更为深刻的推动作用。

一、20世纪90年代：政府主导下诞生的中国特色旅游度假区概念

提到旅游度假区的诞生，不可避免要追溯到1992年国务

① 依据《旅游度假区等级划分 GB/T 26358—2022》，旅游度假区是以提供住宿、餐饮、购物、康养、休闲、娱乐等度假旅游服务为主要功能，有明确空间边界和独立管理运营机构的集聚区。

院批复设立12家“国家旅游度假区”的阶段，当时采用了资源和政策先导的模式，选取了优质资源和区位并配给了类似开发区的政策，其目标是吸引海外游客及创汇。这一尝试虽没有在产品形态层面获得极大的推进，但奠定了旅游度假区的体制机制雏形，不少省份在国家引领下也纷纷建立省级旅游度假区，形成一批先批后建且由政府主导建立的旅游度假区。直至今日，浙江省仍然保留着这种先批后建的省级旅游度假区认定机制，发挥着全程引导和政策驱动的作用。可见，我国的旅游度假区自诞生之日起就具有鲜明的中国特色，是中国社会主义体制机制优越性的产物。当然，这一阶段的探索也是漫长而曲折的。由于国内市场发展水平不到位，无法支撑度假产业的独立发展，有些旅游度假区不得不靠其他产业维持生存，甚至偏离了度假旅游的发展主线。

二、21世纪10年代：标准化建设推动旅游度假区快速发展

进入21世纪，随着国民收入的提高和人们对美好生活的日益向往，我国旅游市场需求渐渐由观光走向与休闲度假多元并重的局面，度假产品在摸索中日渐多样。为引导和推动度假产品健康发展，2006年，国家旅游局首次启动了旅游度假区标准化建设工作，2010年国家标准《旅游度假区等级划分》(GB/T 26358—2010)出台，并于2011年正式实施。该版标准中明确将旅游度假区划分为国家级和省级两个等级，而其中的“国家级旅游度假区”与20世纪90年代批建的“国家旅游度假区”仅一字之差，但其背后的意义却十分重大。标准化认定摆脱了“先批后建”的不确定性，采用了“先建后评”的认定方式，只有符合标准的旅游度假区才能被认定为“国家级旅游度假区”，这也为我国度假产品开启了从政府“主导”向政府“引导”转变的新阶段，市场的动力日益走向前台。

随着国家标准及一系列配套政策的实施推动，2015年第一批经过认定的国家级旅游度假区问世。截至2022年年底，全国已有国家级旅游度假区60家、省级旅游度假区600余家。全国旅游度假区的资源产品涉及海滨(海岛)、温泉、滑雪、河湖、山地、森林、乡村田园、古城古镇、主题活动等丰富多元的类型；空间分布上表现出与人口基数及经济发展基础的正相关，且常常与高等级景区相伴而生；市场以短途自驾游为主，亲子家庭游占有显著比例；在发展过程中还形成了与社区共融的特色，其中乡村型社区融合得最早也最快，而近年来城镇型社区的融合则表现得越来越突出，其中以古城古镇及新城新区居多，体现出度假旅游与美好生活越来越强的关联性。面对2020年以来的新

冠肺炎疫情，度假旅游的周边游特征也支撑了旅游度假区相对更强的恢复能力。

在旅游度假区不断蜕变和进化的过程中，由于市场与经济发展差异带来的区域发展不平衡，全国旅游度假区发展的路径各异，旅游产品、空间形态、管理运营也呈现出不同的阶段特征。总体上看，华南地区的市场力量强于政府统筹力量，发展空间紧凑，旅游产品中人工打造的比重更大；华东地区政府与市场能够均衡发力，旅游度假区与城镇乡村的空间融合较深，旅游产品更为多元；而其他大部分地区则表现出更强的政府主导性，空间布局常常较为松散，产品意识也相对较弱。此外，旅游度假区作为旅游业中的新兴品牌，日益被旅游者、资本市场及地方政府接受，但大家的认知还很不统一，也存在不少盲区；资本市场对旅游度假区品牌的投资认同则呈现出时间和空间上的热度不均；大众旅游市场虽然已经开始接受旅游度假区的产品，但尚未对旅游度假区形成特定的品牌认知。快速增长过程中还暴露出很多概念认知误区，比如：其一，对“旅游度假区”的品牌特性认知不明晰，一些申报单位直接在景区上挂旅游度假区的牌子，而没有做度假业态转型的任何尝试。其二，大量旅游度假区对度假旅游“住”的核心需求理解不到位，对营造度假生活氛围、引领度假生活方式等认识不足，对度假住宿产品的核心作用、度假设施的综合集聚性等缺乏重视。其三，大量旅游度假区由原来的新城、高等级观光景区、各类园区等转型发展而来，带有城市建设和观光景区的惯性思维，重开发、重流量，缺少运营思维、内容思维和用户思维，缺少对度假产品的准确认识。

总体而言，在这一发展阶段，《标准》作为旅游度假区建设发展的技术支撑，以及各级政府对度假旅游产业进行科学规范管理的工具，为旅游度假区的规模增长和品质提升发挥了关键引领作用，促进了度假旅游产品的供给和一定的规模效应，提升了度假旅游经营服务的水平，增强了旅游度假区的市场竞争力。同时，旅游度假区的品牌形象已初步塑成，形成了资源、产品及市场的基本格局，不仅成为我国旅游业转型升级的重要方向之一，也带来了良好的社会效益和经济效益。然而，随着新时代人民群众美好生活新需求的日益增长，以及新技术新理念的日益发展，原版国家标准亟待进一步修订完善，以进一步推动旅游度假区的高质量发展，更好发挥标准化建设引领产业发展的作用。

三、21 世纪 20 年代：新标准引领旅游度假区迈入高质量发展新阶段

近年来，我国的经济社会

形势和度假旅游市场需求发生了一系列重要变化，对旅游度假区的发展也提出了一系列新要求：

一是党中央大力培育和践行社会主义核心价值观，坚定文化自信，推动文化和旅游融合发展，为建设“十四五”规划所提出的“富有人文底蕴的世界级旅游度假区”指明了方向。

二是我国把生态文明建设摆在突出位置，推动形成绿色发展方式和生活方式，坚决制止餐饮浪费行为，对旅游度假区贯彻绿色发展和餐饮节约提出新要求。

三是我国全面建成小康社会，进入高质量发展阶段，深入贯彻新发展理念，加快构建新发展格局，为旅游度假区实现高质量供给、促进度假消费升级、满足人民日益增长的美好生活需要提供新机遇。

四是信息化、数字化、智慧化的发展趋势下，需要旅游度假区更好地发挥科技创新对服务、管理、营销等的赋能作用[①]。

五是在旅游安全意识提升和疫情常态化防控的新形势下，旅游度假区的安全、卫生等综合管理需要进一步强化。

为了适应新时代发展的新需求，进一步凝结共识、形成特色，立足新发展阶段、贯彻新发展理念、构建新发展格局，推动文化和旅游深度融合，2019 年 6 月文化和旅游部启动了《标准》的修订工作，将《标准》的作用从引导“建设”升级为引领“高质量发展”。旅游度假区的高质量发展对于丰富人民精神文化、满足人民美好生活需求具有不可或缺的作用，不仅有利于促进健康中国建设，也为丰富党的二十大报告中所提出的“中国式现代化”内涵提供多样化的实践佐证。

《标准》的修订工作以全国 600 余家省级（含）以上旅游度假区的发展实践为基础，大量运营数据和实践经验教训的积累，为新《标准》提供了扎实的依据。2022 年 7 月，新版国家标准《旅游度假区等级划分》（GB/T 26358—2022）正式公布，并将于 2023 年 2 月开始实施。新标准和老标准从形式到内涵，既有继承延续，又有变化发展，新标准引导市场主体发挥主导和先导作用，全面推进旅游度假区的高质量发展。新标准致力于强化旅游度假区的品牌共识；推动建设和运营主体进一步市场化；显著提升产品的度假属性，进一步强化品质追求；促进旅游度假区整体氛围和文化品位的打造，走出具有中国特色、内涵式发展的道路，塑造丰富的文化底蕴；促进旅游度假区在生态文

① 王彬汕，贾倩．加强智慧旅游创新应用　推动旅游度假区发展［N］．中国旅游报，2022-08-26（003）．

明、社会效益、富民增收等方面的综合效益增长。

1. 推动旅游度假区概念的行业共识

目前，我国旅游市场正在从单一观光向观光与休闲度假并重转变，存在观光需求与度假需求并存、旅游景区与旅游度假区交融等过渡期特征，对旅游度假区这一“年轻”品牌尚未形成高度的认知共识。因此，此次修订的首要目标是尊重市场客观规律，顺应发展实际，推动凝聚行业共识，引领高质量发展。

通过术语和结构的调整来进一步明确旅游度假区的核心要素。新标准增加了“度假产品”“核心度假产品”“度假住宿设施”三项术语，强调住宿的核心作用，引导旅游度假区面向游客需求的产品思维，推动对旅游度假区特色的认知共识。调整了文本结构，在省级和国家级旅游度假区层级下，分为“度假资源与环境”“度假产品”“度假公共服务”“管理与运营”“市场结构与影响力”“生态文明与社会效益”六方面内容，引导公众对旅游度假区发展要素的框架性认知。与2010版《标准》的框架相比：弱化了旅游度假区个体所不能改变的“区位”要素；将环境与资源整合为一体①；将运营提高到与管理并重；将政府主导的公共服务明确独立，而产品内容层面的设施与服务均整合到度假产品中；市场方面强化了影响力评价要看市场的反馈效果而不仅仅是数据；特别提高了生态文明和社会效益的要素地位。

2. 提升旅游度假区产品的度假属性

此次修订的另一个重要目标，就是引导旅游度假区正确认识并重视度假产品的打造。度假产品是旅游度假区设施、服务和活动的综合结果，是游客直接消费的对象，然而目前仍然有一些旅游度假区只重设施建设不重内容建设。出于扭转类似的认知误区，新标准中形成了比重极高的度假产品板块，期望以度假产品思维来整合设施、服务和活动，更好地满足旅游者体验和消费需求，并进一步倡导核心度假产品体系和主题性的打造，促进同一区域资源同质化背景下不同旅游度假区的错位化、特色化发展②。“游”不再是以“看”为主，还要可玩可感，需要更加丰富的可以参与体验的休闲娱乐活动。同时突出度假产品的丰富性和集聚性，要求旅游度假区内集聚足够多的类型和数量的活动。

① 邬东播，王克敏．旅游度假区要树立“资源与环境并重”理念［N］．中国旅游报，2022-08-19（003）.

② 邬东播，王晨雨．旅游度假区要树立“核心度假产品”意识［N］．中国旅游报，2022-09-02（003）.

在度假产品的相关标准中，尤其突出了对住宿产品的要求，从度假住宿设施的规模、类型、客房品质、客房类型、住宿服务，到高质量住宿设施的规模、文旅融合、生态环保、特色服务等方面均提出了具体要求。此外，在市场规模中加强了对过夜游客指标的要求，包括过夜游客规模、过夜游客平均停留时间、省外过夜游客比重等。“住”逐渐从观光旅游中的配角转而成为度假旅游的主角，成为度假产品的主体。从产品角度重新审视，“度假住宿产品”不只解决睡觉的基本功能，还要赋予更多的主题特色和游客生活方式需求，增加体验性、参与性内容，使“住”真正成为游客乐于消费的重要吸引物，以及提升旅游度假区品牌形象的核心竞争力所在。

3. 拓展旅游度假区的文旅融合阵地

国内外诸多经验证明，文化是旅游产业转型升级的关键驱动力。随着文化和旅游两个政府部门的体制合并改革，我国旅游业不论从业态到产品均越来越重视文旅融合。但当前的实践中普遍存在流于形式、融合不深、转化不足等问题，急需从理论到实践的全面探索，尤其是实践路径的创新突破，更是当务之急。旅游度假区是让游客“住”下来慢慢体验文化的最佳旅游产品之一，也是文旅深度融合的理想试验田，理应率先垂范探索文旅深度融合的路径。因此，新标准旨在引导文化与住宿、餐饮、休闲娱乐活动等深度融合，提升旅游度假区的文化底蕴。相比于2010年版标准中“文化”一词仅出现5处，新标准中“文化”一词出现了约70处，涉及20余条标准条款。诸如，新标准提出“2～3项文化和旅游深度融合的度假产品”，就是在引导旅游度假区各显其能，探索文旅融合之道，其中的关键词是“深度”。而要求非物质文化遗产从原来的保护传习转化为可供游客“消费”的度假产品，是一个从事业属性转化为产业属性的过程，需要甄选和创意转化，因为大多数非遗并不是天然的度假产品，因此这一条标准的关键词是“转化”。

4. 强化市场对旅游度假区发展的主导作用

2010年版标准编制时，我国旅游度假区多处于政府主导和政府先导的发展阶段，而目前则正在逐渐有意识地进入市场主导、百花齐放的新阶段。近年来随着旅游消费的升级，市场上涌现出一批知名度高、游客认可的优质市场主体，成为游客心目中“旅游度假区”的典型代表，塑造了市场对于“旅游度假区”的认知。但2010版标准未充分考虑市场主导类旅游度假区的特点，不利于该类旅游度假区进入等级认定体系。本次修订尊重市场客观规律，顺应发展实际，着力解决标准中阻碍优质市场主体进入的痛点堵点，包容更多游客认可的优质市场主体。针对优质市场主体的实际情况，弱化了部分市场主体自身无法主导的客观条件，如从侧重于对客观区位要求转变为强调与交通枢纽的联系以及交通信息服务，再如根据市场主体的建设用地获取能力等因素，调整对旅游度假区总面积的门槛要求，转而以旅游度假区的高品质为主要门槛，吸纳更多优质市场主体。同时坚定市场导向，坚持游客视角，针对近年来旅游度假区发展中出现的忽视整体品牌形象、公共信息服务不足、设施布局松散、重建设、轻运营、轻服务等游客不满意的突出问题，加强相关要求，引导旅游度假区充分认识度假游客特点，满足市场需求。

5. 提高旅游度假区的综合社会效益

我国的旅游度假区大部分是在政府主导或引导下建成的，有些是在传统观光旅游区基础上的整合和转型升级，有些是充分利用环境资源发展出来的新供给。传统的旅游度假区常常与乡村城镇空间上交叠或毗邻，近些年城市内也出现了不少的旅游度假区案例。由此可见，旅游度假区的发展已经广泛深入全国各地人民的生活空间中，也绝不再是简单的旅游目的地概念。因此也决定了旅游度假区所肩负的富民增收、引领健康生活方式、提高综合社会效益等方面的新职责。新标准在“生态文明与社会效益”章节中从引领人民精神生活、提高旅游与社区共建共融共享方面提出了要求，虽然着墨不多，但其背后的深意恰恰与党的二十大精神相一致，也将是未来旅游度假区高质量发展的重要考察要点。

标准化建设历来是政府行之有效地引导产业发展的重要手段。在以往实践中，《旅游度假区等级划分》国家标准发挥了辅助管理、规范市场、引导发展等作用。在未来，新版国家标准还将继续为进一步推动旅游度假区高质量发展、建设富有人文底蕴的世界级旅游度假区、满足人民群众日益增长的美好生活需要发挥积极而富有成效的关键作用。

（作者单位：1. 清华大学建筑学院；
2. 北京清华同衡规划设计研究院；
3. 北方工业大学建筑与艺术学院）

露营地标准化进程与展望

付 磊

作为野外的临时庇护和驻留场所，营地历史久远。《韩非子·五蠹》中记载:“上古之世，人民少而禽兽众，人民不胜禽兽虫蛇，有圣人作，构木为巢以避群害，而民悦之，使王天下，号曰有巢氏。”早期人类的聚居地，用现在的眼光看，其布局和用材都是典型的露营地。从我国的河姆渡、仰韶、红山、半坡等文化遗址看，也呈现出营地形态。自古以来，营地一直是军事、勘察、探险等活动的重要设施。古有“醉里挑灯看剑，梦回吹角连营”，近有“在密密的树林里，到处都安排同志们的宿营地”。作为重要的生产、生活和军事设施，营地是伴随着人类社会而存在并发展的。

露营地标准化的工作对象，不是以军事、生产、生活为主要功能的露营地，而是以亲近自然或旅行服务为主要目的的休闲露营地。营地转为休闲和旅行所用，其历史并不长。一般认为是19世纪末在欧洲和北美洲发端，这与现代旅游和户外休闲的发展几乎是同步的。1853年，英国人霍丁（Thomas H. Holding）组织了300多人在美国和苏格兰高地进行露营旅行，并于1908年撰写了《露营者手册》，是现代露营发端的重要标志。1910年“美国露营地管理者协会”成立，标志着露营行业的形成。在19世纪末到20世纪初，人们之所以将露营作为新型休闲方式，主要是其生态性、便利性、经济性和自由性，满足了人们回归自然、自助自立和崇尚自由的追求，也是这个时期工业革命从“蒸汽时代”向“电气时代”过渡阶段的社会风潮特征。

一、露营地标准体系

露营地进入休闲领域之后，面对的是广大民众而不是专门群体和专业人员，加上20世纪汽车进入家庭，房车成为重要的休闲旅游用车，推动了露营地建设标准和服务规范的研制、实施和推广。国际上比较重要的标准，有成立于1932年的国际露营总会（FICC）的露营地建设和分级标准，美国消防协会制定的《休闲车公园和营地标准》NFPA 1194等。德国、丹麦、芬兰等国家也有露营地等级评定标准。

中国的休闲露营地起始于21世纪之初，当时是为了满足房车销售和使用需求而建设的房车营地。应该说，休闲露营地在中国的起步和发展，房车是最重要的一个动因。房车的规范名称是旅居车，因配置起居设施可宿营，通常叫作房车。一直到“十三五”期间，业界推动和参与营地建设与运营的主力队伍依然是来自房车领域。国家层面对露营地的重视，标志是2014年10月29日召开的国务院常务会议。会议确定重点推进六大领域消费，其中第四项是升级旅游休闲消费，包括建设自驾车、房车营地。这是国务院层面第一次正式提及自驾车、房车营地，极大地激发了全国露营地建设和发展的热情。由此，2014年被业界称为“露营元年”。

借鉴国际经验，中国露营地的标准化工作起步较早。在全国休闲标准化技术委员会和中国旅游车船协会的组织下，2013年开始了休闲露营地国家标准的研制工作。2014年，国家标准化管理委员会给予国家标准立项。2015年，完成了《休闲露营地建设与服务规范》（GB/T 31710）的第一批四个国家标准的制定和发布，分别是第1部分“导则”、第2部分“自驾车露营地”、第3部分“帐篷露营地”和第4部分“青少年营地”。其中，由于国务院的重视和支持，《休闲露营地建设与服务规范　第2部分：自驾车露营地》（GB/T 31710.2）尤其受到社会和业界的关注。2019年，国家标准化管理委员会对第5部分“露营公园”国家标准给予立项，2022年该项标准完成报批，即将发布实施。

在国家标准基础上，林业、体育、文化和旅游等部门还组织制定了行业标准。例如，2017年发布了林业行业标准《生态露营地建设与管理规范》（LY/T 2791）；2018年发布了体育行业标准《汽车自驾运动营地建设要求与开放条件》（TY/T 4001.1）、《汽车自驾运动营地服务管理要求》（TY/T 4001.2）和《汽车自驾运动营地星级划分与评定》（TY/T 4001.3）；2019年发布了旅游行业标准《自驾车旅居车营地质量等级划分》（LB/T 078）。

露营地业态出现后，迅速受到业界的关注，一些旅游发展较快的省区市制定了相应的地方标准。最早的露营地地方标准是广西壮族自治区2009年发布的《汽车旅游营地星级的划分与评定》(DB45/T 566)。这之后2012年云南省地方标准《汽车旅游营地等级划分与评定》(DB53/T 417),2013年海南省地方标准《三亚市自驾车旅游露营地建设与服务规范》(DB46/T 250)。截至2021年,辽宁省、四川省、上海市、山西省、重庆市、甘肃省、青海省、陕西省、西藏自治区、新疆维吾尔自治区、江西省、贵州省等省区市也制定和发布了关于营地的地方标准,涵盖了汽车营地、房车营地、帐篷营地、森林营地、研学营地等类型。

2016年11月,国家旅游局、国家发展改革委等11部委联合印发的《关于促进自驾车旅居车旅游发展的若干意见》(旅发〔2016〕148号)提出,到2020年,重点建成一批公共服务完善的自驾车旅居车旅游目的地,推出一批精品自驾车旅居车旅游线路,培育一批自驾游和营地连锁品牌企业,增强旅居车产品与使用管理技术保障能力,形成网络化的营地服务体系和完整的自驾车旅居车旅游产业链条,建成各类自驾车旅居车营地2000个。综合各方数据,截至2022年年末,我国建成运营的自驾车旅居车露营地已有2000个左右。尤其是进入“十四五”后,在新冠肺炎疫情影响下,人们的短途旅游、近郊休闲需求增长,促进了城市近郊露营地的发展,成为业界难得的一道风景线。

总体上看,我国的露营地出现较晚,总体数量也不大,但由于建设周期短,运营成本低,迎合大众休闲和生态旅游需求,因此呈现出适应性强、增长速度快的特点。与其他休闲和旅游业态相比,露营地的标准化工作适度超前,成效显著,用了十年时间,基本形成了国家标准、行业标准、地方标准、团体标准相辅相成的标准体系,在指导规划建设、规范运营服务方面发挥了积极作用。尤其是在“十二五”和“十三五”期间,作为新兴业态,露营地在工商注册、规划设计、项目审批等方面缺少依据,露营地国家标准的及时出台,协助管理部门建章立制,很大程度上解决了露营地业态的“合规性”问题。

二、露营地标准化的特点

应该说,目前中国的露营地标准化工作与行业发展是相适应的。露营地相关标准的研制、发布和实施,借鉴了国际经验,结合了中国国情,与行业实践充分互动,工作力度和节奏适宜,体现了较高的实用性和适用性。总结十年来的露营地标准化工作,呈现出以下特点。

(一)坚持露营地标准中国化

欧美国家根据自身实际制定了各自的露营地标准。欧美的汽车露营地,实质上是房车营地,也叫休闲旅居车RV营地，主要是服务于房车车主。相关标准也是由房车生产企业主导和推动的，一个重要的目的是促进房车的销售。美国的房车保有量从 20 世纪 80 年代开始快速增长，目前已经超过 1000 万辆，这与其有 2 万多家营地的规模是相适应的。我国最早进入露营地的也是房车企业，早期的营地也照搬欧美的房车营地模式，只有简单的服务区和房车营位。此后，经营者逐渐意识到营地布局和服务设施的重要性，但由于缺乏需求研究和市场定位误差等因素，导致营地同质化严重，有的甚至做成房车酒店、木屋度假村，已经不是露营地业态了。

中国的自驾游和休闲露营，主要交通工具是私家小客车，包括小轿车、SUV、MPV 以及越野车。虽然也有房车，但数量很少。截至 2021 年，全国的房车保有量约 20 万辆，在 2 亿多辆的私家车存量中，比重很低。因此中国的汽车露营地，不能照搬欧美的房车营地标准，必须结合现实国情，即面向自驾车游客和居民休闲生活。一方面要对国外标准，尤其是影响力较大的美国营地标准进行充分研究，借鉴其优秀之处；另一方面要结合中国自驾游与露营发展的特殊性和阶段性，结合中国的汽车文化和休闲方式，创造中国自身的营地模式。

图片提供：中国旅游车船协会

（二）采用综合标准化方法

《综合标准化工作指南》（GB/T 12366）中给出了综合标准化的定义："为了达到确定目标，运用系统分析方法，建立标准综合体，并贯彻实施的标准化活动。"标准综合体是综合标准化的基础。GB/T 12366 中对"标准综合体"定义为："综合标准化对象及其相关要素按其内在联系或功能要求以整体效益最佳为目标形成的相关指标协调优化、相互配合的成套标准。"休闲露营地国家标准在做可研阶段时，希望用一个标准打天下，但在立项过程中发现，露营地是一个体系，包括帐篷营地、自驾车营地、房车营地、青少年营地、体育运动营地等，需要多个标准来支撑。因此确定依据综合标准化方法，构建一个覆盖面广、服务对象多的标准综合体，统筹指导、规范各类露营地的建设和服务，保障露营者权益。

综合标准化有三块基石：目标导向、系统分析和整体协调。整体协调就是为实现最佳整体目标而制定和使用的全部标准，需要根据总目标的要求相互协调。整体协调，是追求整体的优化，而不是个体最佳。例如，按照综合标准化方法，休闲露营地的国家标准没有做等级的划分，而是为行业标准、地方标准预留了充分的操作空间。多数欧美的露营地标准对等级进行了界定，一般采用星级。中国露营地处于发展初期，绝对数量不足。国家标准的主要作用是指导规划、建设和服务，不宜直接进行等级评价。经过一段时间的培育，在国家标准基础上，旅游和体育领域结合自身工作，就分别制定了C级和星级露营地的行业标准。再如，露营作为新兴领域，得到了多方关注，文化和旅游、体育、交通、教育等部门都出台了相关规划、政策和标准。虽然政出多门会带来问题，但多管齐下对露营业发展和市场主体发育，无疑是积极的。因此休闲露营地国家标准坚持了开放性和兼容性，以促成“露营+”或“+露营”的发展模式。目前，交通领域的“公路+营地”，体育领域的汽车“运动+营地”，自然资源领域的国家“公园+营地”，教育领域的青少年研学“教育+营地”，文化和旅游领域的“自驾游+营地”，农业和农村领域的“乡村旅游+营地”，形成了“+露营”的普遍共识，一个跨部门、多领域的大露营格局初步形成。

（三）在坚持共性基础上倡导个性

很多人将“标准化”与“模式化”画等号，将“非标”等同于“个性”。这其实是个误区，是对标准化的片面理解。标准化并不排斥个性化，但必须是有条件的个性化，是保障底线的个性化。这个条件和底线，就是基本功能和基础质量。休闲露营地国家标准明确界定对功能和质量的共性要求，同时鼓励和引导营地在保障底线基础上发挥主观能动性，提供特色化产品和服务，获取超额利润。由于需求增长快，我国露营地在“十三五”出现暴发式增长。很多项目并不是露营地，或是有露营功能的酒店和度假村，或是带有房车营位的景区。这实质是“+露营”。对此，露营地国家标准采取了“共性+特性，基础+增值”的方法。在标准中，明确规定了露营地的组成结构，在具备必需的基础功能区之后，根据自身条件，可设置木屋住宿区、帐篷露营区、户外运动区等特色功能区，以此形成差异。这样，既保障了基础性要求，也鼓励差异特色，避免露营地千篇一律，有利于提供多样化的露营生活，提高露营地综合效益。

露营地标准坚持把握住了

露营地的实质。露营地虽然也具备住宿功能，但它不是酒店和度假村。以汽车露营地为例，其实质主要体现在两个方面。一方面是人车合一。人是驾车进入营地的，营地不仅仅服务人，更要服务车。面向车的设施和服务，是汽车露营地的最重要特点。另一方面是天人合一。露营地的特质，是融入自然、低强度建设和有限服务。露营地的根本价值在于使大自然实现了对人的价值，在于为生态赋予了文化和生活。营地的价值量来自它所融入的自然的价值，来自它所赋予生态的文化的价值。在标准中，突出了对车的重视和服务，突出了对自然的尊重和维护。人车合一，生态文明，形成了露营地与其他服务业态的区别。

总体看，我国的露营地标准化工作充分借鉴了旅游标准化的宝贵经验，采用了综合标准化方法，注重了系统性、开放性、兼容性，并在坚持中国化的基础上，与国际露营业实践保持了充分互动。这些特点与露营地标准化工作的组织方式是紧密相关的，即从一开始就跳出了具体的部门和行业管理界限，即没有采取分等论级、评估认定的“发牌子、戴帽子”模式，而是从基本范畴、关键技术和实践应用出发，反而起到了独特效果。研制团队由行业协会、代表性企业和科研单位联合组成，有全国性的自驾游和露营地行业协会，有专业运营露营地品牌的央企，有常年从事规划设计的科研机构，有熟悉露营实践操作的专业企业。研制团队的复合性、权威性和专业性，保障了标准成果在技术上的先进性。

三、存在的问题和展望

科技在进步，需求在升级，时代在发展。作为一种便捷、开放、生态的服务业态，露营地受到来自制度、科技、环境、市场等方面的影响，并带来积极或消极的结果。这些影响和结果，既是标准化工作的“因”，也是标准化工作的“果”。说到底，要密切跟踪实践，敏感反映市场，及时做出反馈和修正，标准化工作才能更精准地指导和矫正露营地行业的实践路线。

一是经过20年发展，露营地面临多种挑战。有客观上的局限，如作为简易设施，受气候和天气影响大。尤其是北方，每年的经营时间较短。即便在夏季，雷雨、台风、高温等极端天气，会让露营地遭受损失。有决策上的局限，如选址，要符合相关规划和用地要求，交通、水电等基础设施有保障，还要有优良的自然环境，而“鱼和熊掌不可兼得”。有经营上的挑战，无论是管理、服务还是营销，讲求跨界性和互动性，住宿业形成的人才库并不能满足需求。还有投资上的问题。露营地往往都是使用租赁土地或者临时设施，难以资产化，露营地项目难以满足投资财务条件。

二是露营是一个生态系统。跟露营地相关的供给，有设施、设备，也有一般用品和器材。结合实践，露营核心装备主要是四类：旅居车、水电桩、帐篷、环保厕所。现在帐篷质量越来越好，花样越来越多，还出现了帐篷酒店，即用帐篷作为住宿客房。露营地作为大本营，是房车旅行的基础设施。根据欧美的经验，房车销售量与露营地数量是高度同步的。露营还涉及教育、培训、体育、旅游等多个关联行业。围绕露营活动的生态系统，也存在“木桶效应”，只有将短板解决了，这个系统才能在更高的层级上运转。

三是露营地形态不断丰富。一方面，新型车辆、车载装备、可装配建筑等新技术、新材料、新能源的研发和应用，促进露营地形态不断更新和升级。另一方面，制度优化也带来新需求，如公共露营地。根据相关信息，美国近半数的露营地是公共属性。很多露营地是国家公园里唯一合法的宿营场所。由于准入、用地、审批等方面的限制和模糊，我国真正意义上的公共露营地尚未出现。近年来，各地在生态文明建设中形成诸多生态空间，如郊野公园、湿地公园、森林公园等，随着国家公园体制的深化推广，也必然带动公共露营地发展，满足人民共享生态文明成果的需求。

四是露营地的文化性日益凸显。塑造本土露营文化是行业发展的必然结果。从我国尚属短暂的露营地发展来看，硬件设施和管理服务的趋同性已经很突出，露营地之间看不出地域的差异，也看不出经营主体对露营的理解。从无到有，从少到多，这个无差异化的起步阶段是绕不过去的。但随着数量的增长，竞争的加剧，以及人们对露营生活追求的提高，文化日益成为露营业需要补足和强化的基本功。露营的文化性，是一门必修课，将在政策引导、标准制定、人才培养等方面逐步体现出来。

针对这些挑战和趋势，下一步的露营地标准化工作主要有五个导向。一是露营地业态的丰富与更新，如公共露营地、智能化营地等。二是露营生态圈的标准衔接，如旅居车、帐篷、厕所、车载设备等方面的标准协调。三是露营环境质量和环保要求，如水源水质、地质地形、空气质量，以及有害气体释放量、可降解器材、绿色能源等。四是露营行为和社会责任，包括露营者行为规范、露营活动组织、服务外包与在地化等。五是露营文化与教育，包括青少年露营教育、露营公益服务等。目标是形成一个涵盖面广、导向清晰、整体协调的露营标准综合体，为露营地发展提供综合、全面的技术依据和市场规则。

（作者单位：全国休闲标准化技术委员会）

博物馆观众调查标准体系构建

李慧芸　何琼峰

回顾我国博物馆观众研究40多年的历史，学者已经从不同层面、角度探讨了观众调查的思路与方法，以及需要注意的相关问题，同时一些博物馆也开展了相应的观众调查工作。但是对博物馆观众调查工作的重视程度和我国博物馆蓬勃发展的数量及质量的增长并未同步，博物馆观众调查工作的科学性、准确性和利用率等问题都有待提高。随着博物馆不断发展，博物馆以观众服务为中心的文化休闲功能的重要性日益突显，为更好地提升博物馆观众的满意度和获得感，亟须建立一套科学、专业、系统的标准用于指导博物馆开展观众调查工作。调查一般指通过一定的手段获得数据的一套方法，多是从研究总体中抽选样本，并对样本进行问卷调查或访谈。当前博物馆观众研究方法主要以问卷调查为主的定量方法，且定量方法更容易以“标准”加以规范。故建立博物馆观众研究方法标准，主要是建立博物馆观众问卷调查标准体系，切实提高观众调查研究的科学性和有效性。

一、博物馆观众调查现状

观众调查结果是指导博物馆观众服务工作的基本原则，并正逐步形成观众调查体系。当前博物馆以观众留言簿、官方公众号、现场拦访等方式进行观众调查。然而，相对于博物馆管理、基础建设、藏品管理和科研等内容，观众服务内容是一个弹性、庞大的概念，缺乏梳理。且观众调查这项工作并没有实现制度化、法制化，相关工作有待进一步提升。

博物馆观众调查工作受重视度不高。当前，我国《博物馆法》没有出台，观众调查缺少较强的政策和指导，各地博物馆对于观众调查工作差异显著。一些观众参观量大的博物馆如中国国家博物馆、故宫博物院等在2000年左右已通过对展览及观众进行数据统计、分类、组合核算，形成各展览观众的综合数据组合和分类数据组合。一些观众参观量较少的博物馆鲜少展开博物馆观众调查工作，且观众调查亟待规范引导。

博物馆观众问卷调查方法缺乏统一的标准。在统计学中，调查问卷的问卷设计至为关键并很大程度上决定了被调查的回答质量，进而影响调查工作。当前问卷关于观众客观信息类的答题设置、专业类目名称以及调查样本量确定等，没有统一规定要求。问卷流程设置不严谨，缺少统计的效度和信度检验，导致实际操作往往达不到统计调查科学性的规定，博物馆观众调查结果质量不高，利用度不高。

调查报告写作规范化有待进一步增强。调查研究报告的撰写是社会调查最后的任务，也是整个调查研究成果的集中体现。实际工作中，业务人员往往会在关注主题和意义的同时忽略了撰写调查的严谨性和规范性，从而导致调查报告在实际工作中的实用性和效用性问题。

二、博物馆观众调查标准构建的依据和目标

（一）研究依据

利用跨学科的方法解决博物馆观众研究的局限性，是博物馆观众调查研究的重要思路。参考借鉴包括统计学、商业满意度、心理学等在内的科学研究方法，构建科学完备的博物馆观众调查方法体系。依照《市场、民意和社会调查术语》《市场、民意和社会调查服务要求》《博物馆定级评估标准》等标准，搭建博物馆观众调查标准研制平台，帮助研究者认识博物馆观众调查目的及规范流程，提高调查效率，进而成为为博物馆发展提供科学决策的良好工具。

（二）研究目标

博物馆观众调查的方法各有优缺点及适用范围，为更好地规范博物馆观众调查体系，拟以规范合理、操作性强以及科学严谨为目标，构建博物馆观众调查标准。

规范合理。针对不同观众，选择合适的调查方式，以确保测评过程及测评结果的有效。

操作性强。调查流程是一套严谨的统计规范体系，需要按照步骤逐一完成。负责博物馆观众调查的工作人员可依据体系，明确各阶段注意事项，有效完成调查各项工作。

科学严谨。整个调查应以科学性、客观性、准确性为前提，严格执行科学的抽样方法，合理设置样本量，建立完善的数据清洗和筛查机制，确保调查质量。

三、博物馆观众调查流程

建立的关于博物馆观众调查标准，应是博物馆观众调查较为基础的标准。标准体系应主要围绕博物馆调查的流程开展，分为调查准备、调查实施、调查应用和调查质量控制四部分（图 1）。

（一）调查准备

调查准备从调查目的、调查对象、调查内容展开。

（1）调查目的。通过实地调研，围绕现阶段博物馆发展特征，标准应主要就观众关于博物馆的需求、体验、满意度等方面进行调查，了解存在的问题，以期提升博物馆公共文化服务质量。

（2）调查对象。选取合适的博物馆目标观众群体开展调查。调查对象涵盖要广，多维度灵活选取。

（3）调查内容。调查内容涵盖观众服务需求、展览项目评估、观众满意度等。根据调查目的、调查对象、调查费用、问卷长短、调查时长等要求等选择调查评价指标并准确、简明地设计调查问卷，并要进行信度和效度检验。标准应列出调查问卷示例供参考，实际操作中在确保有效性的前提下，可依据情况对问卷内容进行增删。

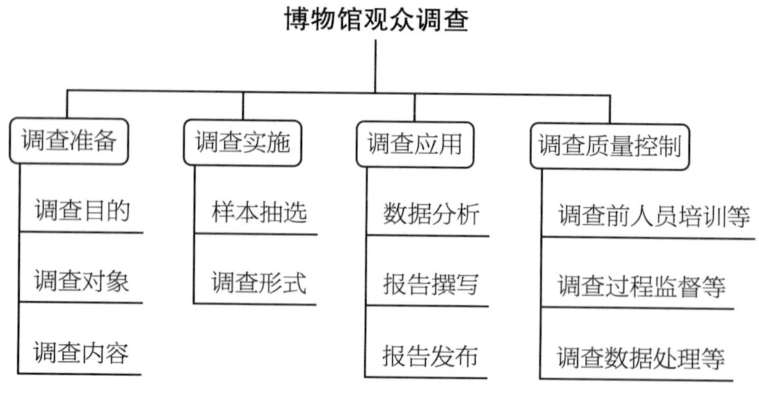

图 1 博物馆观众调查流程

（二）调查实施

（1）样本抽选。样本选择应遵循科学的取样方法。如考虑不同特征（性别、年龄、居住地等）的观众在样本中所占比例应能反映观众总体情况。可参考历年观众构成，尤其是预约机制以后，关于观众的社会信息掌握要更加全面准确，可操作性更强。

样本量的选择应符合统计抽样规定。样本量的多少直接影响调查成本以及结果的准确性。标准提供了不同误差标准下样本量的选择，为实际工作提供了很好的理论支撑。

（2）调查形式。博物馆可自行承担或委托专业机构承担博物馆观众调查的实施工作。选择以下一种或几种方式进行调查：

①在博物馆现场抽选观众填写调查问卷；

②抽选观众进行网络调查；

③抽选观众进行电话调查；

④抽选观众进行面对面

访谈。

一般地，对于特殊观众群体如残障、老年人等群体可以进行电话调查以及面对面访谈。

（三）调查应用

（1）数据分析。对问卷数据进行分析，主要有：

①描述统计分析。通过百分数、平均数、方差或标准差等方法对调查结果进行描述统计分析。例如，观众的性别、年龄、收入等结构数据进行描述性统计分析。

②推断统计分析。通过相关分析、方差分析、T 检验、非参数检验、回归分析等方法对调查结果进行统计分析。例如，比较不同年龄层对于博物馆的满意度等。

③运用模型计算观众满意度。标准根据博物馆观众参观过程中心理体验设置指标体系，构建了博物馆观众满意度测评模型结构（由博物馆品牌印象、预期质量、感知质量、感知价值、观众满意度、观众抱怨和观众忠诚 7 个因素组成），采用结构方程模型的分析方法，利用专业软件进行满意度测算、分析。满意度测评模型的估计参数采用 PLS（偏最小二乘估计）方法，可根据需要自行选择 LISREL、AMOS、EQS 等分析软件进行研究。

（2）报告撰写。报告内容应包括：表格或统计图展示的调查结果、分析结果、调查结论和建议。

（3）报告发布。报告的主要内容向社会发布，发布内容包括：调查范围、问卷内容、样本量、观众意愿、观众行为和观众满意度等。

（四）调查质量控制

应在调查前、调查中、调查后三个阶段对调查质量实施控制，包括调查人员培训、调查过程监督、调查数据处理等。

四、未来展望

随着博物馆观众服务品质不断提升，博物馆观众调查标准也需要随之做出合理的调整。互联网技术所引发的调查研究领域的革新，可能导致调查和其他方法之间的界限变得模糊。如博物馆观众调查会与预约系统、智慧导览等有效结合，与此同时“虚拟面访调查员”这一概念结合图形、视频、音频，还有语言和语音识别软件等多媒体功能，会促进在单一调查研究中同时采集定量和定性数据，使博物馆观众调查的范围和效益变得更加清晰。由于在实际抽样调查中很难按照经典教科书的概率抽样方法进行抽样，要不断加强调查理论及标准的研究，尤其是关于提升包括线上网络在内的调查数据质量方面，进一步有效提升博物馆服务工作。

（作者单位：中国旅游研究院数据分析所）

浙江省旅游标准化建设路径

程　钢

2021年10月，中共中央、国务院印发《国家标准化发展纲要》，提出要提高文化旅游产品与服务、消费保障、公园建设、景区管理等标准化水平。浙江省围绕《国家标准化发展纲要》，以旅游标准化建设为手段，积极推动旅游产业的高质量发展。

一、不断提高对旅游标准化的认识

（一）标准化是旅游行业发展的需要

标准化作为一项技术性基础工作，伴随着我国旅游业的发展而发展，星级饭店“深入人心”、创建A级旅游景区列入地方政府的工作报告，说到底都是在贯彻实施国家标准。标准化为我国旅游行业的发展发挥了积极而深远的作用。在粗放式旅游向精细化旅游转型升级的新发展阶段，旅游消费群体从关注“物美价廉”到关注服务质量与体验，日益追求高质量服务、相信口碑传播、愿意为高品质买单。在这一发展形势下，浙江旅游业坚持以标准化建设为抓手提升旅游行业的服务与管理水平，为游客创造良好舒适的旅游环境，积极推动旅游业的高质量发展。旅游标准化已成为浙江提高旅游产品服务质量、规范旅游市场秩序、强化旅游行业监督管理、推动经济新常态下旅游业改革创新和转型升级的重要技术支撑。

（二）标准化是旅游企业做大做强的需要

“一流企业做标准、二流企业做品牌、三流企业做产品、四流企业做加工。”旅游企业做标准化工作，有助于提升企业内部管理，把现有的标准提升到行业标准、国家标准，增加企业在旅游行业中的影响力。以浙江开元酒店集团为例，开元酒店集团起步于 1988 年，经过多年发展，现规模列全球酒店集团第 18 位、列国内饭店集团全服务饭店第一位，拥有开元名都、开元度假村等 14 个品牌，管理和签约的酒店逾 540 家，客房总数逾 10 万间，分布在北京、上海、浙江、江苏、安徽等 20 余个省区市的 120 余个城市。开元酒店集团的经营宗旨是“为宾客提供东方文化和国际标准完美融合的服务”。开元酒店集团上下高度重视标准化建设，一直积极对照国际品牌酒店集团和国内品牌酒店集团标杆企业学习标准化，并以标准化试点为抓手，按照旅游标准化体系框架落实酒店品牌标准的编制工作，持续改进，形成具有开元特色的标准体系，为开元品牌的连锁扩张提供核心竞争力。

（三）标准化是行政管理转型的需要

党的十九届六中全会提出要推进法治政府建设，大幅减少行政审批事项，标准化成为旅游行政管理的重要手段。作为对法律法规的支撑和细化，浙江省通过制定和发布《旅游集散中心等级划分与评定》《购物场所旅游服务规范》等地方标准，完善旅游咨询中心、旅游集散中心、旅游厕所等一批旅游公共服务设施，提升旅游管理水平，并将宣贯实施标准作为行政管理的重要手段，通过标准促进行业增长、规范市场、提高管理水平。

二、努力探索旅游标准化发展路径

（一）形成工作机制

为了统筹推进浙江省旅游标准化工作，浙江省文化和旅游厅于 2020 年成立标准化专班，各市文化和旅游局明确旅游标准化工作的分管领导、牵头处室，省文化和旅游标准化技术委员会提供标准化技术支撑，在浙院校、研究机构全面开展旅游标准化科研，协会等社会团体和评定委员会共同推进，旅游企事业单位积极参与，共同形成推进全省旅游标准化工作的有效机制。

（二）建立工作“联络图”

一是主动向文化和旅游部汇报浙江省开展旅游标准化工作的情况，特别是开展标准国际化、高质量发展的有关情况，积极对接全国旅游标准化技术委员会秘书处，了解全国旅游标准化的工作安排。二是密切联系浙江省市场监管局，介绍全省文化和旅游标准化工作，积极争取省市场监管局对文化和旅游标准化工作的支持。三是加强全省旅游标准化队伍建设，编制全省文化和旅游标准化工作通讯录，明确各市文化和旅游局负责标准化工作的分管领导、业务处室及具体工作人员，加强上下沟通，协同推进全省文化和旅游标准化建设，形成文化和旅游标准化工作联络图。

（三）发挥标准化技术委员会的作用

浙江于2005年成立第一届省旅游标准化技术委员会（ZJQS/TC16），2020年结合换届成立第一届省文化和旅游标准化技术委员会，秘书处设在浙江旅游职业学院。一是明确工作职能，浙江省文化和旅游标准化技术委员会主要负责研究并提出浙江省文化和旅游标准化发展规划和工作计划的建议，构建浙江省文化和旅游标准体系；提出各类标准的制修订建议，主导或参与各类标准的预研、起草，指导标准起草单位落实标准的编制、意见征求、送审、报批等工作；组织相关国家标准、行业标准和地方标准的宣贯、咨询等技术服务，开展标准化培训等工作。二是加强制度建设，不仅制定了标准化技术委员会章程和《秘书处工作规则》，而且制定了《省级地方标准内部审查制度》，强化标准立项和专家审评前的技术把关。三是加强分工协作，主管部门搭好平台，在政策、资金等方面给予支持，秘书处承担单位确保人财物支持，秘书处研究标准体系、发展规划、委员培训、年度计划和考核，组织委员技术审查，负责官网运作，指导贯标；专家委员在制标（内部审查、专家审评等）、贯标（培训、评定、试点指导）、科研等方面发挥技术支撑作用，形成工作合力。四是加强交流合作，浙江省文化和旅游标准化技术委员会除了加强与全国旅游标准化技术委员会、长三角以及其他省市文化和旅游标准化技术委

在全国率先开展“标准云课堂”的宣传培训，完成录制《采摘体验基地旅游服务规范》《城市书房服务规范》《景区村庄服务与管理指南》等6项标准的解读视频，在浙江文化和旅游标准化官网上发布

员会的交流与合作外，还积极推动市级文化和旅游标准化技术委员会的改组和成立。目前浙江省已有杭州、宁波、湖州、嘉兴、舟山5市成立了市级文化和旅游标准化技术委员会，积极探索省内省外旅游标准化技术委员会的合作路径。

（四）强化标准制修订

一是积极鼓励旅游企业主导国家标准、行业标准制修订工作。目前浙江省牵头的旅游国家标准和行业标准20项 。二是加快地方标准制定步伐，目前浙江省旅游地方标准18项。三是形成标准体系，在高质量推进标准制修订的同时，以136项现行的旅游国家标准、行业标准和浙江省地方标准为基础，形成浙江特色的旅游标准体系。

（五）加强标准宣传贯彻

一是将“浙江省旅游标准化”网站改版为“浙江省文化和旅游标准化”网站，提供旅游国家标准、行业标准和地方标准的查询，供公众和文旅企事业单位下载学习和贯彻落实。二是利用现代科技，结合后疫情防控工作实际，加强网上宣贯培训，在“浙江省文化和旅游标准化”官网上讲解标准，目前已经完成9项标准的视频讲解。三是以等级评定宣贯标准，目前浙江省依据标准评定A级旅游景区910家（其中5A级旅游景区20家，4A级旅游景区238家），星级旅游饭店478家（其中五星级饭店82家，四星级饭店169家）。四是以试点示范工作推进标准，组织12家市、县和企事业单位参加全国旅游标准化试点工作，均一次性通过文化和旅游部的验收，指导地方推进舟山南洞艺谷等国家级服务业标准化试点项目以及省级服务业标准化试点项目。五是有序开展标准实施效果评估，对《景区村庄服务与管理指南》《民宿基本要求与评价》《采摘体验基地旅游服务规范》《旅游景区（点）道路交通指引标志设置规范》《购物场所旅游服务规范》等一批标准实施情况包括实施效益、存在问题等进行评估论证，提出修改完善建议和评估报告，为贯彻标准和修订标准打好基础。

（六）开展标准化科研

加强标准化工作科研，先后组织院校和研究机构专家，完成《浙江省文化和旅游标准化工作现状和对策思路研究》《浙江省文化和旅游标准体系研究》《日本文化和旅游标准化研究》《旅游标准化助推“一带一路”建设研究》《文化和旅游标准实施效果评估研究》《欧洲国家文化和旅游标准化研究》等一批研究报告，既立足于总结梳理浙江标准化工作经验，也着眼于借鉴海外文化和旅游标准化工作的先进经验，为浙江省的旅游标准化发展打下了良好的基础。

（七）推进标准“走出去”

一是积极开展与兄弟省市的合作，推进长三角旅游标准一体化进程，联合上海、江苏、安徽等省市建立长三角旅游标准化协作会议制度和联合工作制度。截至目前已经发布了《旅游景区（点）道路交通指引标志设置规范》《采摘体验基地旅游服务规范》等5项长三角地方标准，统一版本、共同制定、共同发布、共同贯标。

二是探索国际交流合作，主导ISO/WG3工作组开展旅游国际标准《旅游咨询和服务指南》的研制工作，积极参与国家市场监管总局组织的中国老挝重点产品质量视频研讨会，作为服务业代表介绍《标准化助推旅游经济发展》，开展国际合作和交流。

三、全力打造旅游标准化工作亮点

（一）坚持“两个引领”发展目标

一是在省内引领各行业，2020年，浙江省文化和旅游厅作为省政府组成部门中的唯一代表，在省部标准化工作联席会议上分享了文化和旅游行

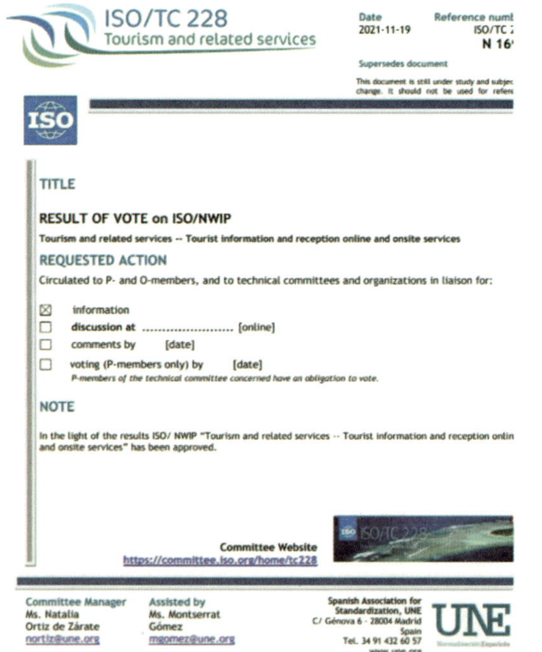

ISO/TC 228
Tourism and related services

Date 2021-11-19 | Reference numb ISO/TC 2 N 16

Supersedes document

This document is still under study and subjec change. It should not be used for refere

TITLE

RESULT OF VOTE on ISO/NWIP

Tourism and related services -- Tourist information and reception online and onsite services

REQUESTED ACTION

Circulated to P- and O-members, and to technical committees and organizations in liaison for:

☒ information
☐ **discussion at** .... [online]
☐ comments by [date]
☐ voting (P-members only) by [date]
P-members of the technical committee concerned have an obligation to vote.

NOTE

In the light of the results ISO/ NWIP "Tourism and related services -- Tourist information and reception onlin and onsite services" has been approved.

Committee Website
https://committee.iso.org/home/tc228

Committee Manager
Ms. Natalia
Ortiz de Zárate
nortiz@une.org

Assisted by
Ms. Montserrat
Gómez
mgomez@une.org

Spanish Association for
Standardization, UNE
C/ Génova 6 - 28004 Madrid
Spain
Tel. 34 91 432 60 57
www.une.org

N 1697

Form 6: Result of voting on New Work Item Proposal

Date: 2021-11-19	ISO/TC 228 N 1697
Title of TC/SC concerned: Tourism and related services	

To be completed by the secretariat and sent to the ISO Central Secretariat and to all P- and O-members of the TC or SC concerned, with a copy to the TC secretariat in the case of a subcommittee.

Please attach the results of the NWIP ballot from CIB to this form

ISO/TC 228 **N 1697**	**Circulation** 2021-08-26	**Deadline** 2021-11-19
Title: **English title:** Tourism and related services — Tourist information and reception online and onsite services **French title:** Titre manque		

Results (the compilation of results is given as an annex)

The following criteria for acceptance have been met:

☒ Approval by a 2/3 majority of the voting P-members; and

☒ a commitment to participate actively in the development of the project by at least 4 P-members in committees with 16 or less P-members and at least 5 P-members in committees with 17 or more P-members (rf ISO/IEC Directives, Part 1 clause 2.3.5) and have nominated an expert

☒ Justification statements have been checked (all negative votes must be accompanied by a statement justifying the decision, or they shall not be counted. See ISO/IEC Directives Part 1, clause 2.3.4)

FORM 6 – Result of voting on NWIP
Version 05/2021

1 of 9

2021年11月19日，由浙江代表中国提出的ISO14785《旅游及其相关服务－线上线下旅游咨询服务与要求》国际标准提案，历经三个月的投票，在国际标准化组织（ISO）正式立项，成为首批由中国提出的旅游国际标准提案

业推进标准化工作的先进做法和成功经验，得到了省政府和国家市场监管总局的充分肯定；浙江省文化和旅游标准化技术委员会近年来在浙江省省级 67 家标准化技术委员会年度考核中连续获得优秀，而且考核得分第一。二是力争在全国发挥引领作用，率先争取 ISO/TC228 对《线上线下旅游信息咨询与服务》国际标准的立项，填补中国主导国际标准起草的空白；浙江省牵头制定的旅游国家标准和行业标准 20 项，在现有 136 项旅游国家标准、行业标准中占比超过 10%。

（二）大力推进标准国际化

一是组织省内院校专家组建文化和旅游标准国际化研究团队，开展标准国际化路径研究，组织完成 17 项国际标准的技术审查。二是率先完成《线上线下旅游信息咨询与服务》国际标准提案的立项，成为我国首批旅游国际标准提案，突破了外国主导起草旅游国际标准的局面，标志着浙江旅游标准化工作走上世界舞台并被世界认可。三是组织国际电信联盟（ITU）国际标准研讨会，

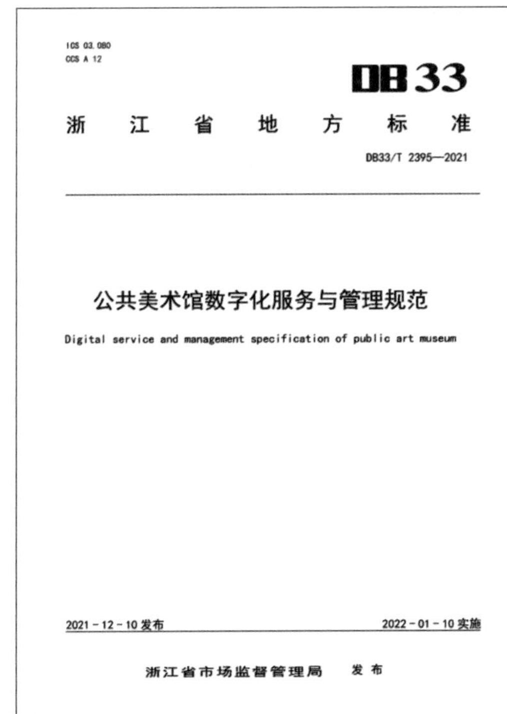
ICS 03.080
CCS A 12
DB33
浙江省地方标准
DB33/T 2395—2021
公共美术馆数字化服务与管理规范
Digital service and management specification of public art museum
2021-12-10 发布　2022-01-10 实施
浙江省市场监督管理局　发布

ICS 03.080.99
CCS A 12
DB33
浙江省地方标准
DB33/T 2454—2022
景区数字化服务规范
Digital service specification of tourist attractions
2022-03-14 发布　2022-04-14 实施
浙江省市场监督管理局　发布

开展标准数字化改革，出台《公共美术馆数字化服务与管理规范》地方标准，组织起草《景区数字化服务规范》地方标准

探讨“数字化＋旅游”申报国际标准的可行性，指导浙江旅游职业学院申报并成为国际电信联盟成员，着手研究利用数字化手段开展旅游统计的国际标准。四是率先在全国开展国际标准采标工作，其中修改采用国际标准 ISO 21902《无障碍旅游服务规范》的国家标准《无障碍旅游服务规范－旅游饭店》已进入拟立项公示阶段。

（三）推进标准化高质量发展

一是结合工作实际，及时组织制修订标准，如浙江省地方标准《采摘体验基地旅游服务规范》就是在总结绍兴市上虞区的采摘旅游经验、出台农旅融合的地方标准使果农在农产品收益的基础上增加了“旅游收入”方面内容并结合了其他地方经验形成第二版，通过拉长采摘旅游前后两端产业链，注入新版开心农场、DIY、餐饮等元素，使经济效益翻倍提升；该标准不仅成为长三角通用的区域标准，而且被全国旅游标准化技术委员会遴选为全国优秀地方标准。二是多措并举做好贯标工作，如强化标准化试点示范工作，组织 12 家市县和企事业单位积极参加四批全国旅游标准化试点单位的创建工作，均一次性通过国家验收，同时组织舟山市定海区南洞艺谷景区、天台县全域旅游等一大批县市和旅游企业参与国家级和省级服务业标准化试点项目的创建，以标准化的试点示范来提高旅游企业的服务品质和管理水平。三是以标准推进数字化赋能旅游的尝试，如出台《景区数字化服务规范》地方标准，对景区数字化服务提供、服务保障和持续改进提出了明确的要求，在数据资源、数据应用和信息安全等技术支撑方面做了有益的探索。

（作者单位：浙江省文化和旅游厅）

四川文旅标准化建设的数字密码

王燕林[1] 何 丽[2]

为贯彻落实国家标准化发展战略，近年来四川文旅行业坚持创新推动，在空间上注重全省全域、全文旅系统实施，在组织上注重多层次、多维度联动，在布局上注重需求导向、转化应用，总起来可以体现为“55433”，即总体推动“五个率先”、组织实施“五方协同”、突出重点“四大领域”、完善机制“三个保障”、强化融合“三个突破”等，为文旅标准化建设作出了有益的探索。

近年来，四川省作为全国首批旅游标准化示范省，认真学习并深刻认识习近平总书记“实施标准化战略是一项重要和紧迫的任务，对经济社会发展全局具有长远意义”“中国将积极实施标准化战略，以标准助力创新发展、协调发展、绿色发展、开放发展、共享发展”等重要指示，深化实施《国家标准化发展纲要》，全面贯彻实施国家标准化战略，充分发挥标准化建设作为推动文化事业、文化产业、旅游业高质量发展的工作引领作用，增强标准化治理和服务能力，高位推进、创新举措继续取得新的进展，显著提升了巴蜀文化影响力、文化旅游供给力、旅游吸引力、文旅产业竞争力，加快推动了文化强省、旅游强省建设。

一、坚持推动显章法

十余年来，四川高度重视文旅标准化建设，在全国有“五个率先”：一是率先成立了省级专业标准化技术委员会，二是率先将文旅标准化建设纳入地方性法规，三是率先制定省级旅游标准化发展规划纲要和行动计划，四是率先建立了省级旅游标准化建设体系，五是率先多批次推动建设旅游标准化示范市州、县区和企业，在文旅融合后继续高位推进，取得了新成效。

（一）组织推动，加强五方协同配合

四川把标准化建设作为推动质量提升的重要抓手，充分调动各方面标准化建设，形成了齐抓共管的良好局面。**一是标准化管理部门业务领导。**标准化管理部门在政策法规上予以强化指导，在标准制定上提供专业辅导和经费支持，为文化旅游标准化提供了有效支撑。**二是文旅行业部门方向引导。**省文化旅游部门全面梳理各类行政事务、公共服务、产业培育等评定评价业务，全部从规范化、标准化入手，系统梳理、规范流程，建立相对完善的标准化工作推动工作机制，三年时间全面发动、组织推动全省21个市州旅游标准化建设。**三是市州主体积极推动。**成都、阿坝州、乐山市、巴中市、自贡市等地把标准化试点示范创建与城市环境优化、城市品质提升、旅游目的地打造等有机结合起来，制定实施系列市州特色地方标准，打造优质文旅品牌，提升了文旅服务供给能力和品质，促进了区域特色化发展。**四是行业组织全面参与。**文化旅游行业的相关学会、协会、商会组织，立足自身特点，发挥自身优势，配合协调会员单位、行业专家，积极参与标准制修订、开展标准培训、推动标准实施，营造了全行业抓标、制标、推标的浓厚氛围。**五是企事业单位主动作为。**文化旅游企事业单位，立足自身提升发展要求和满足社会期待，通过构建适合自身发展的旅游标准体系并有序实施，增强了企业核心竞争力，提升了旅游品牌知名度与美誉度，为地方文化旅游作出了显著贡献。

峨眉山景区标准化服务培训
摄影：严迪

（二）突出重点，抓好四大优势领域

近年来，四川在全面推动A级旅游景区、旅游住宿等国家和行业标准实施基础上，结合天府旅游名牌（名县、名镇、名村、名品、名宿、名导等）、研学旅行、数字文旅、山地旅游等推动标准化制定实施的系列化，开展试点、示范引领，调动各方实施，形成共建共推大格局。**一是“天府旅游名牌”系列**，持续推进建设天府旅游名县，授予省级荣誉，给予资金奖励和土地指标支持等，加之天府旅游名镇、天府旅游名品、天府旅游美食、天府旅游名宿、天府旅游名导等系列化评选宣传，标准化实施达到了新高度。**二是数字文旅系列**，重点制定和实施了《全省文化和旅游公共服务平台建设指南》《智慧旅游饭店建设指南》《智慧旅游景区建设规范》等10余项地方标准，为实现科技赋能、创新驱动文化旅游发展提供了坚强保障。**三是研学旅行系列**，制定了《研学旅行基地（营地）建设服务规范》《研学旅行实践活动设计规范》，文化和旅游部门、教育部门持续联合召开研学旅行推进会，持续开展研学旅行指导师技能大赛，为研学旅行健康发展提供了坚强的支撑。**四是山地旅游系列**，针对四川山地特色和旅游发展新需求，支持四姑娘山景区管理局开展山地旅游标准化行动，构建起了四姑娘山景区山地户外管理服务标准体系，有力推动四姑娘山景区开展山地观光、山地度假、山地户外运动体验等特色旅游发展，为打造世界级山地户外运动目的地提供了坚实的技术支撑。

（三）基础支撑，强化三个保障机制

文化和旅游部成立后，四川迅速制定了《文化旅游标准化工作管理办法》，建立健全文化旅游标准化工作的制度机制，有力支撑了新时期标准化工作的创新发展。**一是项目推进机制**，在文化旅游标准化建设开展了前置性课题研究的基础上，按照文旅行业发展阶段、公众游客需求方向、政府引导规范重点等基本规律开展标准化制定，针对性广泛开展自下而上、又自上而下的征求业界、相关业务部门意见的标准化立项需求，再经由省文化和旅游标准化技术委员会组织专家评审会开展立项论证确定，有效满足了基层需求、业务需求和发展需求。**二是专业支持机制**，适应文旅融合发展新要求，广泛吸引文旅行业的理论研究、应用操盘专业人员，成立了覆盖面广、专业权威的省文化和旅游标准化技术委员会，秘书处由四川旅游学院承担，为全省文化旅游标准化建设提供了智力支撑、人才支持。**三是财政保障机制**，在文化事业方面，广泛开展公共文化服务示范县等标准化建设，基本公共文化服务标准与财政资金保障直接挂钩，各地结合自身财力情况，建立了省、市、县三级经费保障标准。成都市设立“市级公共文化服务专项资金”，用于支持包括城乡公共文化服务体系

建设等8个方面的项目，从政策上保障了基层公共文化服务设施的管理及运行经费。

（四）注重融合，三个方向寻突破

按照“以文塑旅、以旅彰文，宜融则融、能融尽融”的发展要求，从三个方面推动。**一是提升旅游标准的文化内涵。**在地方旅游标准的制定中，明确旅游产品、旅游服务的文化内涵的深入挖掘、适时展现，如旅游景区精细化管理服务质量提升规范、农家乐服务质量等级规范、民族地区乡村旅游服务规范等众多地方标准，明确把挖掘展现文化内涵作为提升旅游产品品质的重要内容。**二是加强文旅深度融合的标准制定实施。**近年来，推动制定了研学旅游基地（营地）设施与服务规范、研学旅行实践活动设计规范、四川盖碗茶茶艺表演规范、蒙山茶艺龙行十八式等文化和旅游深度融合的地方标准10余项，在标准实施中有效促进了文旅融合发展。**三是强化文化类标准的旅游载体应用。**加大民俗文化方面的标准化建设力度，制定了长嘴壶茶艺表演规范和木雅藏族、羌族、彝族等少数民族服饰等10多项文化标准，为文化保护、文化传承起到积极作用的同时，也成为四川旅游极具特色的一道亮丽风景。

截至目前，针对四川文化旅游发展需要，共制定出台了省级、市（州）级地方标准165项，其中旅游标准154项，文化标准11项，囊括了旅游景区、乡村旅游、旅游住宿、研学旅行、智慧旅游、公共文化、非遗文化遗产等板块，为文化旅游融合发展提供了坚实的技术保障。通过十多年持续推动，四川文化和旅游标准化建设取得可喜的成绩，成功创建为全国“旅游标准化示范省”，成都、广元、巴中、都江堰4个城市创建为全国旅游标准化示范市，九寨沟景区、峨眉山景区、黄龙景区、国色天香景区和锦江宾馆5个单位成为全国质量管理标杆单位。同时，省级示范创建覆盖了21个市州70个县、直接参与标准化创建近200家、参与贯标企业2000多家、参与培训人员30万人次以上。通过持续推动标准化建设，四川文化旅游的美誉度、影响力得到显著提升，文化旅游产品供给能力和品质显著提升，文化强省、旅游强省建设取得显著进展。

二、推动实践，四类特色好示范

（一）市（州）样板

1. 阿坝州的“熊猫级地方标准”

阿坝藏族羌族自治州旅游标准化工作开展主要充分依托阿坝州旅游协会，重点创建民宿、天然温泉酒店、非遗文化主题旅游饭店、非遗文化主题民宿、旅游购物场所、旅游团队用餐场所、导游员、讲解员、旅游饭店9部“熊猫级地方标准”，对标等级高、中、低的划分归类为“金熊猫级、银熊猫级、铜熊猫级”，以此开展系列推荐划分与评定工作，不断提升旅游行业服务质量，用“阿坝模式、阿坝智慧”进一步高质量助推全域旅游示范区创建。

一是抓特色，打造净土阿坝旅游品牌。以“熊猫级地方标准”为引领，突出阿坝民族地区特色，以“净土品质·天然温泉”为旅游品牌形象的温泉酒店品牌，以“藏羌文化+”融合创新的非遗文化为主题酒店、饭店、民宿、购物场所、讲解员、导游员等，树立了“净土阿坝”旅游服务大品牌形象。**二是重引领，加强贯标用标力度。**在茂县、理县、松潘县等城市举办住宿业面向企业人员对标培训，直接培训人数达3000余人次；在阿坝师范学院、汶川映秀镇等地组织导游人员、讲解人员进行对标培训，培训达1000余人次；全面开展等级评定，评选出熊猫级酒店34家、民宿12家、温泉酒店2家，以及一批购物场所、导游员和讲解员。阿坝州依据9部“熊猫级地方标准”提升服务质量，积极发挥了标杆引领作用。**三是育人才，为评标工作提供权威支撑。**在州原有专家库的基础上，加强与各院校、各专家团队的合作，州级入库专家已达到82名，集聚了一批科研院所、高校、企业等单位的专业人才，为阿坝州旅游标准化建设把脉，为评标工作提供权威支撑。

近年来制定的地方标准

摄影：雷敏

2. 巴中市创建“全国第四批旅游标准化示范单位”

坚持创建“全国旅游标准化试点”与“创建国家全域旅游示范区”“天府旅游名县”相结合，推出了巴山小厨、民宿等地方标准，打造了光雾山景区等行业样板，成功创建为第四批全国旅游标准化示范单位，全面提升旅游产业发展水平。

一是高位推动。巴中市委、市政府印发了《巴中市开展全国旅游标准化试点工作方案》，并纳入了对区县和市级相关部门的综合目标考核。同时，市委、市政府出台了《巴中市促进旅游业发展扶持奖励措施》及其实施细则，对优秀的试点企业给予扶持奖励。**二是保障资金**。巴中市共投入3249万元用于旅游标准化试点单位创建工作。同时，为加快旅游标准化试点工作推进，市、县（区）政府及有关企业积极针对A级旅游景区、星级饭店、旅行社、星级农家乐/乡村酒店、旅游购物场所、旅游运输企业等涉旅企业举办培训30余场次。**三是实施标准**。坚持贯彻实施《巴山民宿基本要求与评定指南》《川陕革命根据地红色旅游景区建设规范》等标准，共成功创建1家5A级旅游景区、22家4A级旅游景区、1个国家生态旅游示范区、8家星级饭店、3家绿色饭店、49家巴山民宿，完善了基础服务设施，丰富了旅游业态，制定出台了《“巴山民宿”管理办法》，规范了行业管理。自创建试点单位后，巴中市接待游客增长率位列全省第二，旅游收入增长率位列全省第四。2019年接待游客3422.98万人次，实现旅游收入305.31亿元；接待人数增长16.55%，旅游收入增长22.60%，贡献率18%，试点零投诉比例96%。

（二）景区样板

1.峨眉山

峨眉山景区是世界文化和自然双重遗产、国家级风景名胜区、国家5A级旅游景区。近年来，峨眉山景区编制并实施了《峨眉山景区旅游管理服务标准汇编（试行）》，大力推动了峨眉山景区旅游高水平、高质量发展，2021年成功入选全国首批国家级文明旅游示范单位。

一是推动智慧化建设。峨眉山景区依托《智慧旅游景区建设指南》地方标准，有序推进“云、管、端”一体化建设，与阿里巴巴、川大智胜强强联合，建成西南地区首个文旅行业云平台，全力保障峨眉山景区智慧化建设。**二是开展全员标准化培训**。为建立高效运转的景区旅游标准化内部审核机制，打造一支素质高、熟悉标准的内审员队伍，峨眉山景区常态化开展旅游标准化内审员培训，根据《峨眉山景区旅游管理服务标准汇编（试行）》查找问题、解决问题，进一步规范服务行为、优化服务监督、提升服务质量，实现服务满意率100%。**三是技能比武提升服务能力**。峨眉山旅游投资开发（集团）有限公司、峨眉山旅游股份有限公司依托本企业标准，联合开展“管理效能服务质量大提升”技能比赛，筑实“三心三情”服务理念，着力打造优质服务第一产品。从服务礼仪、中餐宴摆台、中式铺床、电工技能、观光车驾驶技能5个项目展开比拼，评选出一批服务明星、服务能手、服务新秀以及优秀组织，从经验性、粗放式服务向标准化、精细化服务。转变

2. 四姑娘山景区

近年来，四姑娘山景区一直以山地户外运动体验为产品核心，力争打造成为世界级山地户外运动旅游目的地，在创建5A级旅游景区、世界旅游目的地的过程中，以标准化为抓手，通过构建、实施标准体系，全面推动四姑娘山景区的管理与服务质量提升。

一是构建特色山地户外运动标准体系。为高效推动四姑娘山国际山地户外旅游目的地的创建工作，阿坝藏族羌族自治州人民政府组织了60余名专家学者，编制完成了《四姑娘山户外活动管理标准体系》。该体系主要基于内部管理和外部管理，从户外活动管理中心、户外从业机构、高山救援、山地户外赛事活动等9个方面进行了相关标准的制定。**二是创建国家体育旅游示范基地。**为突出旅游的差异化发展，将四姑娘山创建成首个以山地户外为特色的国家5A级旅游景区和国际山地户外运动旅游目的地，四姑娘山景区依据《体育场所开放条件与技术要求　第31部分：高山探险场所》等标准，健康有序发展越野跑、攀冰、攀岩、山地自行车、露营等户外运动项目、赛事。2021年11月，四姑娘山景区成功创建成为国家体育旅游示范基地。

（三）旅游民宿样板

四川以标准化为抓手，以资格认证培育、酒店民宿结对为手段，率先开展了民宿服务认证与酒店民宿联姻等活动，多维度推动了天府旅游民宿的品质化、品牌化发展。

一是打造旅游民宿集群。四川龙泉、彭州等地持续践行“绿水青山就是金山银山”的发展理念，陆续将民宿经济作为乡村经济振兴的着力点，积极探索展现立体山水画卷公园城市的乡村表达，用民宿点亮乡村，用经济创收振兴乡村，高水平、高标准打造了系列乡村旅游民宿IP，如“龙门山民宿”“龙泉山民宿”等IP，涌现出许多有特色、有品位、有体验感的旅游民宿，旅游民宿产业集群效益逐渐彰显。**二是开展民宿服务认证。**11月2日，由成都市标准化研究院组织策划和实施的全国首批按《乡村民宿服务质量规范》（GB/T 39000—2020）认证的民宿服务证书落户四川彭州。此次民宿服务认证主要从建筑风貌、基础设施、安全管理、环境保护、服务质量、可持续改进等方面对民宿进行综合量化打分，为民宿质量提升提供客观、独立、真实的第三方评价依据。**三是开展酒店民宿结对。**为促进成都旅游民宿规范化、品牌化发展，成都旅游住宿业协会以民宿品牌为抓手，以标准化建设为手段，推出了“酒店民

宿联姻，促进品质提升”系列酒店民宿结对子活动，首批共结对联姻了成都西藏饭店与大邑锦府驿，四川岷山饭店与彭州无所事事民宿、成都新东方千禧酒店与卿宿青城·私汤森林民宿等22对酒店和民宿。以酒店的规范带动旅游民宿的专业化提升，以旅游民宿的特色促进酒店的产品温馨化创新，从而全面推动成都旅游住宿业标准化建设进程。

（四）图书馆样板

近年来，四川省图书馆结合各地实际，制定了《四川省县级公共图书馆总分馆制总馆基本建设标准（试行）》等，经实施推广取得了不错的社会效益。

一是落实服务标准，推进标准化服务。在全面落实《国家基本公共服务标准（2021年）》可以基础上，制定《四川省公共图书馆服务标准》，深入推进免费开放、延时开放、免费借阅、总分馆制、通借通还、阅读推广、公共数字化服务等图书馆标准化服务。重点加强对藏书结构、图书加工整理、读者活动、规章制度等方面的业务辅导和人才队伍建设，使其业务规范化、标准化，以便更好地为广大读者开展服务。**二是依托行业组织，推动评估定级提质。**四川省图书馆联合四川省图书馆学会积极组织全省公共图书馆开展评估定级工作，发挥评估定级工作对四川省公共图书馆建设、管理与服务的引导和带动作用，做到全面评估、应评尽评。推进图书馆服务能力建设，促进图书馆事业高质量发展。**三是坚持统筹协调，推动全域拓展。**以服务效能为导向，以整合书目、书籍、书费为内容，以总分馆制为骨架，以“八个统一”为手段，即统一购书经费、统一图书采购、统一编目标准、统一图书配送、统一人员招聘、统一服务标准、统一管理平台、统一绩效考核。搭建全省大数据管理平台，实现书目数据标准化、读者服务大数据化、文

标准化工作交流

摄影：雷敏

献资源可视化、文化扶贫精准化，着力提升现代化公共文化服务水平。

三、创新发展再向前

2021年,《四川省“十四五”文化和旅游科技创新规划》出台，明确要完善文化和旅游标准体系，营造高质量文旅标准化发展环境，形成四川天府旅游名牌系列规范和指南，推动天府旅游名牌高质量发展。

一是加强模式创新与领域拓展。聚焦文化旅游科技创新，加强文旅标准化课题研究。依托可持续旅游国际标准，构建具有四川特色的山地旅游标准体系，助推四姑娘山、稻城亚丁、贡嘎山等地建设成为世界级山地旅游目的地。紧跟无障碍旅游发展优势，做好《无障碍旅游从业人员培训指南》《无障碍旅游线路设计指南》两项行业标准编制出台，加强无障碍旅游与旅游景区、文博场馆的有效结合，做出无障碍旅游的四川特色经验。积极组织开展文化和旅游融合背景下的标准化试点示范工作。

二是加强成果推广与应用转化。以景区精细化管理标准推动景区服务与管理质量提升。加大对四川的文化旅游地方标准制修订、宣贯、实施工作的监督与管理力度，鼓励和引导各类社会主体积极参与标准化工作，指导行业协会、学会等行业协会编制发布系列高质量的团体标准，加大对团体标准、企业标准向地方标准、行业标准的转化，提高团体标准的应用范围。

三是加强专业化跨区域交流合作。完善四川省文化和旅游标准化技术委员会专家智库建设，积极发挥专家委员的智囊团作用。加强与其他先进省份的文化旅游标准化交流与合作。协同对接重庆共同推动巴蜀文化旅游走廊、成渝地区双城经济圈文旅发展。加强与相关专业化标准委员会的交流与合作，在标准制定实施、标准化科研等方面加强联动。

四是加强实施机构运行机制优化。加强标准化工作的保障机制，做好人才、资金、平台等基础保障，建立健全文化和旅游标准化技术委员会内控制度，常态化开展标准化学术沙龙、研讨会。加强文化和旅游标准化技术委员会党组织的领导，不断改善文化和旅游标准化技术委员会及秘书处的工作环境，充分发挥文化和旅游标准化技术委员会工作的引领性、示范性作用，为四川文化强省、旅游强省建设夯实基础保障，有力助推全省文化旅游高质量发展。

（作者单位：1.四川省文化和旅游厅；2.四川旅游学院）

旅游标准的软法功能和硬法趋势

李　广

旅游标准化工作在我国旅游业提升服务质量、提高管理水平、总结有益经验、促进行业发展等诸多方面，都发挥了不可或缺的作用。

从旅游标准化的发展历程和现实状况来看，“标准”文件抑或“标准化”工作中“软”的功能模式与“硬”的推动力量相互纠缠，对旅游标准化发挥着各自的作用、产生不同的影响，需要予以关注、加以分析、妥善应对、合理利用。

一、旅游标准的“软”力量

（一）关于标准为软法的判断

软法是“不能运用国家强制力保障实施的法规范体系”①。一般具有如下特点：一是从软法形成主体上看具有多样性，既可能是国家机关，也可能是社会自治组织；二是软法的形式不拘一格，既可能以文本形式存在，也可能是某些具有规范作用的惯例；三是软法一般不规定罚则，通常不具有像硬法那样的否定性法律后果，更多的是依靠自律和激励性的规定；四是软法通常不具有强制约束力，而依靠舆论导向、伦理道德、文化等约束力来发挥作用。

《标准化工作指南　第 1 部分：标准化和相关活动的通用

① 罗豪才，宋公德．软法亦法——公共治理呼唤软法之治理［M］．北京：法律出版社，2009.

术语》(GB/T 20000.1—2014)对标准的定义是"通过标准化活动，按照规定的程序经协商一致制定，为各种活动或其结果提供规则、指南或特性，供共同使用和重复使用的文件"。

标准尤其是推荐性标准，与软法的特点完全符合，是软法的典型形态。即便具有强制约束力的强制性标准，也有学者将其归为软法的范畴，认为"我国强制性标准模式本质上还是关于技术性的规范，具有强制执行的效力，属于软法中的硬规范"。[①]

有学者从标准的概念剖析和标准作用机制分析，已经得出"标准与软法契合成了已证命题"的结论。[②]

（二）标准之软法特征与旅游行业治理最为契合

1. 标准符合旅游业综合性的特点

旅游业链条长、环节多，具有综合性、关联性的特点。从主管部门来看，旅行社、导游由旅游部门管理、交通由交通部门管理、餐饮购物由商务部门管理；景区管理部门更是五花八门；而住宿行业的管理也是由公安、商务等部门根据职能分条线管理。从监管内容看，不文明旅游行为、市场经营行为、合同争议纠纷也都囊括其中。在如此多元的管理体系下，通过某一个部门，依靠某一部法律实现对旅游行业全覆盖基本上不现实。

针对旅游行业需要引导、管理的特定领域，依靠标准的柔性作用介入硬法和部门职能的间隙进行行业治理，恰到好处。

如研学旅行活动，受教育部门和旅游部门的双重管理，很难形成边界清晰的管理模式，相关标准应运而生填补了这一空白：原国家旅游局推出了行业标准《研学旅行服务规范》(LB/T 054—2016)、中国旅行社协会推出了《研学旅行指导师(中小学)专业标准》(T/CATS 001—2019)等团体标准，作出了积极的尝试，也取得了良好效果。

2. 标准适应旅游服务的特性

旅游产品具有无形性、生产与消费的同步性、体验与感知的主观性、旅游者与旅游目的地的异地性等特点。旅游者在购买旅游产品前，无法直观体验；在参加旅游活动后，每个旅游者的感受也各有不同。且法律法规更多是以事后监管和处罚的方式对不法经营者以惩戒，无法切入过程细节。而标准更为贴近市场实际，可以发挥其特有的功能。

如作为旅游合同附件的"旅游产品说明书"(行业惯例称"旅游行程单")中对旅游产

---

① 廖丽，程虹．法律与标准的契合模式研究——基于硬法与软法的视角及中国实践［J］．中国软科学，2013(7)．

② 林良亮．标准与软法契合——论标准作为软法的表现形式［M］// 罗豪才．软法的理论与实践，北京：北京大学出版社，2010.

品的表述，是旅游者在旅游活动前唯一可感知、识别的内容，也是选择旅游产品的依据。如相关表述无统一标准，将会造成旅游产品无客观判定尺度，也易引发纠纷。针对这些问题，更适合采纳企业的有益做法、发挥市场主体的作用来制定行业标准。在旅游管理部门主导下，以企业为主体制定了《包价旅游产品说明书编制规范》（LB/T 072—2019），规范了旅行社的产品设计和业务操作，也给旅游者提供了选择的依据。

3. 标准契合旅游管理部门既要有所作为，也不能越位、错位的诉求

旅游监管涉及方方面面，但旅游管理部门对一些事项无管理权限。旅游管理部门需要有所作为，但又不能越位越权。通过发布实施标准有效解决了这些问题。

如游客的不文明旅游行为，从表象看大多属道德问题，不宜以硬法干涉；从行为主体上看，旅游管理部门也没有对"游客"监管处罚的权力；判定旅游者是否"不文明"也有很大主观性。但频频发生的不文明旅游行为，不仅影响旅游秩序，也危及旅游安全，甚至影响国家形象，旅游管理部门必须有所作为。

因此，旅游管理部门出台了行业标准《导游领队引导文明旅游规范》（LB/T 039—2015），以导游领队等从业人员对旅游者的文明引导为标准化对象，以标准软法切入"道德"这一柔性范畴，以"柔"克"柔"，恰如其分。

旅游是充分竞争行业，追求意思自治和契约自由，市场主体"法不禁止均可为"，公权力机关"法无授权不得为"。但市场失灵会导致无序竞争，完全的契约自由将会导致企业利用优势地位侵犯消费者权益，需要政府的干预，只是干预的手段和方法应当是柔性的。旅游管理部门牵头制定了《旅行社服务通则》（GB/T 31385—2015）《旅游景区讲解服务规范》（LB/T 014—2011）等标准，不仅为相关企业和从业人员提供了业务操作依据，也为管理部门提供了管理工具。

这些标准文件并不具有强制效力，但因为这些标准由管理部门发布，有一定权威性，消费者更愿意选择符合这些标准的产品和服务，旅游企业也将基于市场竞争自觉采用这些标准，形成良性循环。

4. 标准适应旅游行业的快速发展变化

旅游业在旅游消费快速升级、供给侧改革的大背景下得以迅猛发展：移动互联、大数据等技术被普遍应用，旅游习惯和偏好也有了巨大改变：散客化、个性化、碎片化的旅游需求，远程、线上、即时的交易模式，体验、互动、分享的服务方式，都深刻改变着旅游行业。

硬法由于位阶高、适用范围广、社会影响大，需要照顾多方面的利益、考虑多样的具

体情况，不得不忽略具体情景中的细节差异而抽象地设定一套行为模式，因此多是原则性、概括性的，并且有严格的制修订程序，与现实脱节或矛盾的条款得不到及时矫正调整。

美国法理学家博登海默曾说，“如果法律制度为了限制私人权利和政府权力而规定的制衡原则变得过分严厉和僵化，那么一些颇具助益的拓展和尝试也会因此而遭到扼杀”。因此需要在不违反法律强制性规定的前提下，对硬法中不合时宜、已经脱离现实的条款予以必要调整，进行创新和尝试。

标准因其灵活性、对现实反应的迅速性、试验试错的低成本性，成为对硬法进行调整的必要程序和检验环节：如有偏颇则及时叫停总结教训，不会造成过大负面影响；如获得成功，则总结经验，通过立法程序将其升格为硬法。

例如，民宿作为非标准住宿业态快速发展，对于促进乡村经济发展、优化乡村物业资源利用发挥了积极作用，但在市场监管、消防安全、卫生环保等方面却存在法律空白。大部分民宿处于野蛮生长状态。针对这一问题，借鉴酒店行业标准化治理经验，通过制定发布《旅游民宿基本要求与等级划分》（GB/T 41648—2022），以标准文件填补法律空白。

再如，互联网、移动支付等技术深刻影响着旅游行业，随之而来的则是网络虚假宣传、虚构交易、操纵评价等非正常甚至是非法的经营方式。这些全新业态，法律监管存在大量的空白和缺漏，而监管部门囿于市场主体“法无禁止即可为”的执法理念，无法对处于灰色地带的网络经营行为有效监管。针对这种情况，标准就应当发挥其可以快速制定、灵活调整、贴近市场的作用。如《旅行社产品第三方网络交易平台经营和服务要求》（LB/T 030—2014）《旅游电子商务电子合同基本信息规范》（LB/T 058—2016）等行业标准就对在线旅游经营起到了一定的引导和规范的作用。

（三）作为软法的旅游标准的独特作用和功能

从以上分析可以看出，标准这一规范性文件，以其独特的软法价值，对旅游行业的治理发挥着不可替代的作用。

从标准化对象看：往往是行业亟须规范的问题、是企业欠缺统一规范要求的事项。以问题导向保证了标准制定的必要性，也确保了发布后会被马上采纳使用，满足需求。

从标准制定过程看：是在充分征求行业意见、吸纳既有经验的基础上进行的。可保证其被普遍接受和认可，或被市场主体主动采纳，作为企业标准加以使用，或成为旅游者选择旅游产品服务的依据。实现从“柔性的标准”到服务提供方和接收方“合意”的转化。

从标准的起草编制主体看：

越来越多由市场主体来承担，确保了标准真正契合实际、不会做出过于拔高而无法实现的要求，可以较好地平衡监管诉求与企业实际。同时，由企业制定标准，也会促使相关企业自我约束，模范遵守标准。

从标准的发布看：标准均由主管部门或具有一定行业影响力的社团组织来发布，确保了标准的权威性。

从标准的推广应用看：由于相关标准以问题导向制定、以充分协商的方式起草、以权威机构发布，保证了相关标准得到有效应用。而一些创新业态的规范标准，也在发挥着试验田、探路石的作用，通过标准先行，探索管理模式，为硬法介入摸索有益经验。

二、旅游标准发挥作用的“硬”机制

“徒法不足以自行”，即使“软法”也如此。因此旅游标准的有效贯彻实施，旅游标准化工作的高效推进，离不开“硬力量”的介入。

从标准的适用机制、旅游标准化开展的情况来看，也能发现旅游标准化工作中行政管理力量强行主导的基因；立法和司法实践也不断出现由于法律规定和司法机关对于标准的引用而赋予标准的强制效力；同时市场主体对旅游标准的采纳和自主适用，也在以上多重因素的影响下，导致旅游标准出现“硬化”的趋势。

（一）行政力量的“硬性”推动

1. 旅游标准化工作的启动

“国家旅游局在借鉴国际经验和实践探索的基础上，于1987年启动了我国旅游服务行业中第一个国家标准——《旅游涉外饭店的星级划分与评定》的研究制定。”“1988年，经国务院批准，国家旅游局发布《中华人民共和国评定旅游涉外饭店星级的规定》，决定在全国旅游涉外饭店中实行星级评定制度……并对评定组织机构和权限、评定方法、旅游涉外营业许可证制度和申诉处理等做了明确规定。”

可见，被视为我国旅游标准化肇始标志性事件的饭店星级评定，是从旅游管理部门发布的规范性文件起步的，是以典型的行政管理手段推动的。直至1993年国家标准《旅游涉外饭店星级的划分与评定》（GB/T 14308—93）才正式发布，旅游标准化工作才真正“标准化”。我国旅游标准化是在主管部门强力主导下启动的。

2. 旅游标准化工作的现状

饭店星级评定开创了旅游标准化的先河，也导致在很长一段时间内，旅游行业的标准化多以等级评定的方式开展，也逐步成为旅游管理部门进行行业管理的抓手、形成了以标准化延伸管理半径的惯性，从饭店星级评定、旅游景区A级评定到度假区等级评定，乃至旅游厕所的等级评定，一直延续至今。在全国旅标委公众号上公开发布的70部旅游行业标准，有20部为评定认定类标准；50部旅游国家标准中，有13部和评定认定有关。这些标准中，也都不约而同体现了“评定机构”“评定程序”“退出机制”等纯管理事项的内容。

这些标准大部分基于行业管理的需要，由旅游管理部门委托相关单位制定。在依据这些标准开展的评定工作中，基本上也是有旅游管理部门主导，依靠各级旅游管理部门组织落实。

为推动旅游标准化的全面铺开，国家旅游局在2009年发布《全国旅游标准化工作管理办法》，并持续开展了四批全国旅游标准化示范单位、示范城市的评定工作。这些做法均有行政力量的强势参与，一些市场主体在行政力量的推动下参与其中，但客观上却极大提升了旅游行业标准化水平。

依据旅游标准开展的等级评定工作，其评定对象除了旅行社、景区、酒店等经营主体外，有的还以地方政府、行政区划为评定，如“全域旅游示范区”“旅游标准化示范城市”“文明旅游示范区”等，这些评定均由一级地方政府牵头参与。如在全国旅游标准化试点单位的创建中，仅首批全国旅游标准化试点单位，就有全国旅游标准化试点省1个——四川省，全国旅游标准化试点城市（区）5个，分别是青岛市、苏州市、咸宁市、丽江市、上海徐汇区；这些评定由一级地方政府动用各种行政力量全力推进，如由当地政府首长担任创建领导小组组长、在政府年度预算中列支专项预算、在机构编制上设置相应机构。当然这些安排也大都是相关评定工作中的得分项。有政府的强势介入，相关工作可以高效有力推进。也使旅游标准化工作基本成为硬性的行政任务，在实际的创建评定过程中，相关标准文件也混同为政府相关部门行政管理、行业管理的依据，具有了硬法的约束力量甚至是责任后果。

（二）《旅游法》对旅游经营者必须遵守相关标准的硬性规定

《旅游法》第七十九条规定，“旅游经营者应当严格执行安全生产管理和消防安全管理的法律、法规和国家标准”。此条并未区分推荐性标准和强制性标准。虽然《标准化法》第十条规定“对保障人身健康和生命财产安全、国家安全、生态环境安全以及满足经济社会管理基本需要的技术要求，应当制定强制性国家标准”，但并不能得出《旅游法》第七十九条所提及的标准均为强制性标准的结论。因此，可以理解为即便是推荐性的国家标准，只要涉及安全生产管理和消防安全的，旅游经营者也“应当严格执行”。

《旅游法》第一百零七条也规定“旅游经营者违反有关安全生产管理和消防安全管理

的法律、法规或者国家标准、行业标准的，由有关主管部门依照有关法律、法规的规定处罚”。此条将“行业标准”加入其中，而《标准化法》第二条规定“行业标准、地方标准是推荐性标准”。也即《旅游法》将涉及安全生产管理和消防安全管理的国家标准、行业标准（勿论是推荐性标准或者强制性标准），均要求旅游经营者遵守。因此，在旅游立法上，部分标准也被法律赋予了强制约束力，具有了“硬法”的效力。

（三）司法裁判在特定情形下将标准转化为裁量依据

“标准”在特定的情形下，也可以成为司法裁量的依据，被司法机关赋予硬性约束的力量。

一起人身损害赔偿案例很有代表性。72岁的游客沈某参加旅游，游览过程中突发疾病死亡，医院诊断为“不明原因猝死”。家属起诉旅行社，二审法院判决要求旅行社承担70%责任。其中一个理由就是旅行社未按照行业标准《旅行社老年旅游服务规范》的要求为沈某参加的老年旅游团队配备随团医生。

姑且不论要求旅行社为老年旅游团队配备随团医生是否合理，仅从《旅游法》和《合同法》（此案发生时，《民法典》尚未生效，司法机关按照《合同法》进行裁判）对于标准适用的规定来看，法院的判决并无不妥：因为《合同法》规定，在没有具体的服务质量标准时，国家标准和行业标准可以成为确定质量标准的依据。

据此，标准虽为软法，但在特定情况下，具有“硬法”的司法效力。

（四）旅游经营者为获得竞争优势而自主选择适用标准，自我“硬性”约束

众所周知，旅游行业处于完全竞争状态，旅游经营者为获得市场竞争优势，对于等级评定需求强烈，由于这些等级评定均以相关国家和行业标准为依据，这些标准一定程度上就成为这些企业必须遵守的规则：参评的企业需要对标创建，而评上的企业必然也需要接受相关标准的约束，未达标的轻则被警告或摘牌，重则会被追究法律责任。这一点在《旅游法》第五十条也做了规定：“旅游经营者取得相关质量标准等级的，其设施和服务不得低于相应标准。”

在“刘某、黄某等与广西某旅行社、北海市某旅行社侵权案”判决书中，法院就指出“事发景区作为国家4A级旅游景区，未能配备完善的应急设备设施，在事发景点或较近距离内未设立医疗急救站点，未配备专业医疗人员、应急医疗药品、急救担架、急救车辆等以应对突发情况，亦未建立完善的突发事件应急预案，景区公司存在管理不善之处。景区公司的不作为及其管理不善，营筑了安全保障缺失的危险环境，这也是导致受害人晕倒后得不到及时救治的原因，景区公司亦存在过错，应依照《旅游法》第七十九条之规定承担相应责任”。此案中，法院裁定的依据就是《旅游区（点）质量等级的划分与评定》（GB/T 17775—2003）中规定的3A级以上景区应“建立紧急救援机制，设立医务室，至少配备兼职医务人员”。

“欲戴皇冠，必承其重。”旅游经营者主动适用相关标准，参与或获得相关等级评定，就必然要接受相关标准的硬性约束、承担相应的法律责任。本不具有强制约束力的标准，对于此类企业就产生了硬法的作用。

三、合理发挥标准软法作用，适度克制标准硬法化冲动，提升旅游行业治理水平

（一）遵守标准软法发挥作用的基本原则

标准作为软法不具有强制力，也不能完全取代硬法。同时也正因自身特点也导致稍有偏颇即可能有违法的风险，也可能聚焦一点而忽视其他，产生一些预料不及的负面效应。在鼓励、支持标准对行业治理的同时，更应规范其制定和应用。

1. 不得违反法律规定、不违背法律原则

合宪合法是标准获得权威性和执行力的效力渊源。其发挥作用的区域应在硬法无明确规定的空白地带、无明确禁止的默许区域。

需要强调的是，旅游标准不仅要关注旅游相关法律法规，更要遵循基本法律原则，遵守其他部门法的规定，不得对市场交易行为硬性调整，不得干涉企业自主经营，不得对民事行为加以干涉，还需要遵守依法行政的行政法规范，制定标准的机构不得自我授权、不得非法剥夺市场主体的权利或增设其义务。

2. 要合乎市场规律、尊重行业现状

不具有强制性的软法要获得其调整对象发自内心的认同和接受，就必须符合市场规律和行业现状。“标准的制定是一个专业性强、涉及利益多元的过程。如果标准的制定无法有专业的标准化机构以及相关利益方都参与，而由政府强制推出，其结果可能是标准不适应实际需要、厂商消极执行标准以及消费者对标准丧失信心。”“以市场机制实施标准，标准的‘好坏’由市场来检验，企业是否遵守标准由市场来刺激，而不是由政府强制推行。”[①]

3. 要充分协商、确保民主

标准要获得各方认可接受，其制定过程就要充分发挥民主，

① 林良亮．标准与软法契合——论标准作为软法的表现形式［M］// 罗豪才．软法的理论与实践，北京：北京大学出版社，2010.

平衡各方利益，适当妥协让步，以获得“最大公约数”。完全以政策取向或长官意志制定的标准，甚至以行政命令的方式推行标准，必定没有生命力。另外，充分发挥民主，也可以吸引更多主体参与标准制定，可以覆盖硬法所忽略的那部分主体的意识，弥补硬法所照顾不到的一些主体的权益。

4. 要与其他硬法和软法协调统一，并同时对硬法的一些漏洞作出必要填补

由于软法制定主体多头、可能会导致体系规则矛盾，尺度标准不一。这是软法容易出现的问题，需要在标准制定和实施中规避。

比如，根据不同群体所区分的“研学旅游”“老年旅游”等旅游业态中，旅游管理职能与教育管理、老年人权益保障等职能交叉；根据旅游要素对交通、住宿、餐饮、娱乐、购物等对象进行标准化的过程中，也不可避免与相关职能部门职责重叠。如目前无论是行业标准《研学旅行服务规范》，还是团体标准《研学旅行指导师（中小学）专业标准》，抑或是各地出台的研学旅行地方标准，均应以教育部联合十一部门发布的《关于推进中小学生研学旅行的意见》为基础，并且相互之间也要协调统一。否则天然具有跨领域、跨地域特点的研学旅行活动就会无所适从。

因各种原因导致的法律漏洞也应通过标准的制定来进行尽可能弥补。如《旅游法》第一百一十一条将“履行辅助人”限定在“法人或者自然人”范围内，而把“非法人组织”排除在外。而在民事主体的分类上，还应包括“非法人组织”。而合伙企业、个人独资企业等非法人组织也大量参与旅游经营活动，事实上也可以成为“履行辅助人”。为弥补这一漏洞，在有关标准制定时，就需要进行法律漏洞的填补。因此《包价旅游产品说明书编制规范》就对“履行辅助人”作了扩大解释，增加了“非法人组织”。

（二）客观看待旅游标准“硬化”趋势

旅游标准化工作推进过程中，“硬”的力量始终存在，并发挥了积极的作用。但这些硬性的力量也是一把双刃剑。

如上所述，旅游标准虽绝大多数为推荐性标准，但从肇始之初，就具有很强的行政管理色彩，具有“硬”的基因；在法治不断健全，标准化理论逐步成熟、相关工作机制逐步理顺过程中，旅游标准化的行政色彩虽逐步淡化，但由于历史惯性，行政力量的影子依然存在。同时基于《标准化法》的修订完善，标准化工作的法治化、规范化水平不断提升，《民法典》《旅游法》的相关规定也对“标准”这一规范性文件的重视程度逐步提高。“标准硬化”的诱因，正从行政管理的强势介入，逐步过渡为“立法”“司法”层面上的硬约束；

同时也因其标准化的市场化水平不断提升、市场主体接受程度不断提高，其约束力和影响力也在相应增加。因此对于标准“硬化”现象，不仅要看到其“硬化”趋势，更要分析其“硬化”原因的变动。以历史的眼光、辩证地分析看待：

从目前标准硬化的原因看，也完全契合标准实施的三种方式，一是法律引用，二是当事人约定，三是合格评定（认证认可）。市场和司法层面的原因，基本可纳入法律引用和当事人约定的范畴，而行政力量介入的原因，从实际情况来看，多为行政力量推动开展的合格评定引发。

行政力量所强势推动的旅游标准化，可以发挥行政力量的优势，为旅游标准化提供组织机制、人力物力的支持。政府引导或者说是主导的旅游标准化，对于我国旅游业的高质量发展起到了不可或缺的作用。

旅游管理部门为了主动作为，近几年推出了若干等级评定和认定标准，这对于行业治理起到了积极的作用，但对此应有清醒认识：一则“我们的标准比较侧重于整体和结果的等级评定，轻视服务流程、管理过程和工作程序，所以我们的旅游服务质量缺乏稳定性和可持续性，往往在申报和迎检时，采取非常规手段，可以达到甚至超过标准要求，而在平时往往疏于管理，服务质量无从保证”①。二则基于行政管理需求推出的标准如果解决不了实际问题、提升不了市场秩序、带动不了经济社会的发展，这些评定标准也会逐步失去吸引力。对于一个标准体系来说，无人认同和适用，应是对它最大的否定。此外，标准的制定和推行也是有成本的，因此标准不能成为变相的行政许可，更不能成为评优评奖的依据，不能增加基层管理部门和市场主体的负担。

从既有标准的应用效果来看，市场主体参与制定、符合市场规律、满足市场需求的标准，均能得到广泛的采纳和应用，而为了制定标准而制定标准、纯粹为了满足行政管理需要强推的标准，往往被束之高阁。

而市场力量和司法力量结合推动的旅游标准的“硬化”，说明相关标准是符合市场需求的，标准自身的权威性、适用性得到市场主体的认可，市场主体“心甘情愿”接受其约束，此种标准“硬化”趋势是值得肯定和推广的；而司法机关基于法律授权、司法引用而使标准具有司法效力，更是法治的方向。这种因素导致的标准的“硬化”，才是标准发挥其约束

① 张凌云．中国与西班牙旅游标准化发展比较研究［J］．旅游论坛，2019（7）．

力的正确路径。

（三）针对旅游标准“硬化”的举措

1.针对市场和司法层面导致的标准“硬化”

无论是《民法典》中对于质量约定不明确时对标准适用的规定，还是《旅游法》中对于安全、消防类标准的强制性适用，均赋予标准在特定条件下的法律效力。这就意味着：一方面，“标准”可以作为旅游管理部门的工作抓手，成为引导和帮助旅游企业提升管理水平、提高服务质量的工具；另一方面，“标准”会成为旅游企业和旅游从业人员直接承担法律责任的依据。因此，必须关注以下问题：

旅游企业和从业人员应当清醒认识《旅游法》《民法典》中关于标准适用的相关规定。对标准这一规范性文件要像对待法律法规一样，认真学习和贯彻执行。绝不能因有关标准的“推荐性”而忽视它可能在特定情况下的强制性适用。对于涉及安全生产、消防安全的标准，更应严格执行。

如果在生产经营过程中，认为无法达到某项推荐性标准的要求并且认为该标准可能会在纠纷争议中被作为裁判依据的，则应在相关合同中明确有关质量问题的表述，或者在协议中排除某项推荐性标准的适用，以规避风险。

对于标准化主管部门或标准起草方而言，更应注意以上法律规定。即使在制定推荐性标准的过程中，也应关注标准制定发布后，都有可能在特定情况下成为市场交易的规则和司法裁量的依据。因而，标准化主管部门或标准起草方必须认真调查研究，审慎制定标准。否则制定出来的标准不仅不会被采纳，反而会扰乱行业正常秩序。

2.针对市场竞争导致的标准“硬化”

对于标准硬化的市场机制，从不同角度，有不同的态度：

对于旅游经营者积极采标贯标、自主声明承诺、积极参加各类等级评定和认定，行业管理机关和旅游消费者是欢迎的。因为经营者的自我约束，最终获益的是消费者，也可以节省大量的行政管理精力。作为旅游管理部门应为市场主体主动采标、贯标创造条件、营造氛围、提供支持。

而作为市场经营者，则应慎重选择是否参加相关等级的评定和认定，谨慎考虑是否承诺或宣示使用某标准。要通过标准化的工作真正能提升企业管理水平和服务质量，以内功的提升获得外在的声誉和竞争力，不能图虚名，而要谋实利，避免因为标准化的“内卷”消耗过多管理精力，甚至承担不能承受的法律责任。

3.针对由于行政力量的介入导致的标准“硬化”

此问题主要是旅游管理部门习惯性以旅游标准为抓手推

动行业治理。这需要旅游管理部门把握好角色和定位，在旅游标准化工作中保持适度克制，引导旅游标准化以更加开放、市场化的方式开展。更多引导市场主体牵头制定真正能引导行业发展、规范业务操作、提升产品服务质量的标准，减少行政干预下的等级评定、资格认定类的标准。

但旅游管理部门基于管理职责，对于市场主体对相关标准的自我承诺、自主声明，以及涉及安全生产、消费者人身财产安全等强制性的标准适用，也应依法加强监督管理。

四、结语

依法治旅、依法兴旅，既要立法机关推动法律机制健全和完善，行政机关主动担责、依法行政，也需要全行业依据法律法规和标准进行自我规制。“为防止出现‘法治真空’，运用软法进行柔性干预，不仅有重要意义，事实上也是必然选择”[①]。但同时也需要旅游管理部门在旅游标准化推进的过程中，切实把握好角色和定位，既要主动推动旅游标准化，也要依法推动旅游标准化。

发挥软硬兼施、刚柔相济两方面制度作用，激发和调动公权力机关与市场主体两方面的动力和潜力，顾及旅游行业多样利益诉求，应是当前和未来相当长一段时期内旅游行业治理应秉持的原则、应遵循的路径。在目前旅游行业大量标准化实践的基础上，有必要对现有的和未来将要发布和实施的旅游标准进行实体和程序上的必要审查和批判，对目前主要以行政力量推动开展的标准化的认定、评定等工作加以检视，同时对市场主体接受程度高、实施效果好的标准，以及相关标准的制定、宣贯、应用进行研究，以总结积累有益的工作经验，更好地保障市场参与各方的权益，也更好地保障旅游管理部门依法高效作为，推动旅游治理体系和治理能力的现代化。

（作者单位：中青旅控股股份公司，全国旅游标准化技术委员会）

① 陈吉利．以软法实现柔性治理［N］．人民日报，2015-02-09.

旅游标准中的等级评定与消费者认知

宋潇玉

一、标准及其作用

标准的出现是生产力发展和社会进步的必然产物。我国最早的全国性标准可追溯至秦始皇统一六国之后的统一度量衡、货币、文字等举措，而现代意义上的标准则较早出现在工业发达的欧洲国家。标准是标准化活动的产物，随着标准化的发展，标准迅速向其他行业和其他地区扩散。现代意义上的标准数量众多且作用巨大，世界上许多国际组织和发达国家都把标准化上升为国家产业发展的重要战略。我国也非常重视标准和标准化工作。2021年10月中共中央、国务院印发的《国家标准化发展纲要》中明确指出，"标准是经济活动和社会发展的技术支撑，是国家基础性制度的重要方面。标准化在推进国家治理体系和治理能力现代化中发挥着基础性、引领性作用"。我国的标准化工作虽然起步要晚于欧美发达国家，但标准化的推进速度并不缓慢，在短短40余年的标准化效果非常明显，尤其是生产经营性标准更是对推进产业进步和经济发展起到了重要作用。

一般说来，生产经营性标准具有如下一些作用：一是提供生产或服务的规范。标准都是重复使用的，对于企业来说，通过建立或采用标准可以形成统一的生产流程，保障产品的质量。二是提供管理依据。建立标准之后，就有了判断企业的生产过程或最终产品是否符合规定的参照。三是提供交易参考。国家标准、行业标准、团体标准等公共标准的使用，降低了不同企业产品的市场交易成本。四是传递产品信息。虽然很多标准是针对企业生产经营行为的，但是消费者可以通过产品的生产经营过程是否符合标准来形成对产品质量等信息的判断，进而会影响到消费者的购买行为。

基于传递产品信息的角度，可以将生产经营性标准分为规范要求标准和等级评定标准两大类。前者只对产品生产经营过程提出统一的要求，消费者只能根据产品生产经营是否符合标准来对产品质量做出非常粗略的判断；而后者则往往进一步对产品生产经营行为进行评分，并根据得分高低划分出等级，从而能够传递给消费者更多的产品信息，对于消费者的购买行为影响也更大。

二、旅游等级标准及其发展形势

我国旅游业已经发展成为国民经济的战略性支柱产业，在这一过程中标准化发挥了突出作用，为我国旅游业的转型升级、提质增效提供了重要技术支撑。

我国旅游标准化工作起步较早。20 世纪 80 年代后期我国开始研究制定旅游涉外饭店星级划分与评定，1993 年国家技术监督局首次发布国家标准《旅游涉外饭店星级的划分及评定》（GB/T 14308—93），这是我国旅游标准化工作的开端。1995 年国家旅游局成立全国旅游标准化技术委员会（SAC/TC 210），专门负责旅游标准的制定。2000 年我国发布了第一版《旅游业标准体系表》，其内容覆盖“食、住、行、游、购、娱”等多种旅游要素，并在 2009 年、2015 年、2020 年 3 次修编。2001 年国家旅游局成立了负责对标准化工作落实的全国旅游质量认证管理委员会。2009 年国家旅游局出台了《全国旅游标准化发展规划（2009—2015）》。2010 年我国开始全面推进旅游标准化试点工作，到目前为止先后共四批 198 个单位入选全国旅游标准化示范单位。2016 年国家旅游局发布《国家标准化体系建设发展规划（2016—2020 年）》。2021 年文化和旅游部发布的《“十四五”文化和旅游科技创新规划》明确指出：“要完善文化和旅游标准体系，稳步推进标准制修订工作。”我国旅游业经过 30 多年的标准化建设，旅游标准体系日益完善，有效促进了旅游服务质量和发展水平提升，在国际旅游标准化领域的话语权也进一步提高。截至 2022 年 3 月，我国出台旅游类国家标准 56 项、行业标准 73 项、省级地方标准 1000 余项[①]，其覆盖范围已从早期的行

① 冯婉怡，张珊，舒伯阳．中国旅游标准引用网络特征分析——基于社会网络分析视角［J］．旅游论坛，2022，15（4）：31-42.

业标准化过渡到包括旅游公共服务、旅游信息服务、旅游资质资格、旅游安全和卫生、旅游环境保护等在内的标准化体系[①]。2021年，我国首次向国际旅游标准化组织递交了旅游国际标准提案，与世界分享中国管理实践经验。

旅游等级标准在旅游标准中占有重要地位，正如前面提到的旅游领域第一个国家标准《旅游涉外饭店星级的划分及评定》就是一个等级标准。后来在景区、自驾车旅居车营地、民宿、旅行社、旅游厕所等方面都制定了等级标准。旅游领域之所以会制定很多等级标准，这是由于旅游产品是异地的、无形的服务，标准在传递旅游产品信息方面可以发挥更大作用。旅游生产和消费具有同时性，旅游者只有到了目的地才能完成消费过程，感受服务质量，而在进行消费决策时掌握的旅游产品质量信息是不充足的，标准起到的就是一个预先提供产品质量信息的作用。以饭店为例，在标准化实施之后，旅游者就可以通过饭店的星级对将要消费的饭店产品质量进行有依据的预期，并在产生纠纷时可以将星级标准作为衡量服务水平的依据[②]。从实践来看，由于对消费市场具有巨大影响，饭店、景区等旅游等级标准对于地方旅游业发展起到了很大的促进作用。

但情况在近些年发生了很大变化。一方面，虽然各地对5A级旅游景区等的申报依然很积极，但对于自驾车旅居车营地、民宿等级的申报积极性就要差一些，甚至很多饭店不愿意申报星级或者要“退星”。根据文化和旅游部《全国星级饭店统计调查报告》，截至2017年年底，全国星级饭店统计管理系统中共有10645家星级饭店，其中一星级82家，二星级2026家，三星级5166家，四星级2525家，五星级846家；而2021年度一至五星级的饭店数量分别为14家、853家、3686家、2324家、799家，各星级的饭店都不增反降。另一方面，从市场来说，旅游等级标准的影响力也在减弱，消费者对于旅游饭店、景区等的等级不再像以往那么关注。为什么会出现这种情况？概括起来有以下原因：

第一，替代性标准或评分体系的影响。以前政府部门占有标准制定的绝对主导地位，但现在各种团体和企业也在制定自己的标准或评分体系。如携程、美团、大众点评网等平台企业都有自己的等级划分或评分体系，这些等级划分或评

① 肖建勇．论旅游标准化的本质——基于现象学社会学的视角［J］．企业经济，2017，36（1）：83-87.

② 戴斌．饭店服务标准化进程研究［J］．北京第二外国语学院学报，2000（3）：10-16.

分体系很大程度上基于消费者口碑，因而更受市场认可。进一步说，过去消费者主要依赖旅游等级评定做出消费选择，而现在的消费者有了更多的信息来源，这就降低了标准在产品信息传递方面的作用。现在消费者的信息来源不仅包括平台企业的等级划分或评分，也包括微信群、朋友圈、小红书、抖音等新媒介。对于经营者来说，也有了更多的传递产品信息的渠道选择，不必花费很大成本去争取高等级评定，打造一个网红景点可能比是否是高等级景区对旅游者的吸引力更大。

第二，需求变化使得传统标准不再适用。标准从研究制定到颁布施行是一个复杂而漫长的过程，即使是修订也不是短时间内能够完成的，这就使得标准往往难以适应市场需求变化。特别是随着我国旅游业的发展，人们的出游机会增多，需求呈现出个性化、多样化的特征，以统一、规范为内在特征的标准自然其效用就大为降低。对于企业等主体来说也是如此，如果其追求的是特定市场，就没有必要去争取一个普适的高等级。

第三，传统标准制定本身存在的一些问题。一是标准制定的专家导向，很多旅游等级标准都是由专家制定的，也是由专家去评定的，未必能准确反映市场和消费者的意见。二是标准执行问题。部分旅游等级标准执行不严，或在执行过程中存在差异，直接影响消费者对旅游等级标准的信任度。三是部分旅游等级标准缺乏淘汰机制。这让部分旅游经营者一劳永逸，获得高等级之后，就不再持续保持高质量的管理和开发，从而降低了消费者的体验，导致旅游等级标准的公信力下降。四是高等级数量太多降低了信号刺激力度。随着我国旅游标准化的深入，部分标准执行时间较长，通过标准评定的主体较多，如A级旅游景区评定标准自实施以来已经有上千的景区获评，其中5A级旅游景区的数量高达306个。随着高级别景区数量的增多，无疑就削弱了信息的传递作用，虽然成为5A级旅游景区还依然是许多景区奋斗的目标，等级评定对消费者消费行为的影响也依然存在，但是其作用效果相对减弱了。五是等级评定传递产品信息的内在缺陷。等级作为市场信号主要是正向激励起作用，市场主体愿意去争取高等级，而不愿意争取低等级。如很少有景区愿意去申请A级、2A级旅游景区，也很少有饭店去申请一星级二星级饭店，自驾车标准甚至就只有3C、4C、5C。六是等级标准往往不具有强制性。标准可以分为强制性标准和推荐性标准，强制性标准是国家或者行业强制执行的标准，具有强制力，但旅游等级评定标准多为推荐性标准，不具有强制性，因此是否申报等级评价取决于相关主体自身的意愿。

第四，高等级消费限制规定的影响。如很多地方政策明确限制到五星级饭店和高等级景区进行公务活动，对于差旅经费也有着严格的控制，这些都会影响到消费者的选择，从而使得相关主体不愿意去评定等级。

三、消费者旅游等级标准的认知：基于问卷调查的分析

为切实了解消费者对旅游等级标准的认知，本文选择了几个有代表性的旅游等级评定标准进行消费者认知调查。

（一）问卷设计与发放

研究选取6个国家级旅游等级标准来测度消费者对旅游等级标准的认知及旅游等级标准对消费者行为的影响，这6个国家级旅游等级标准分别是《旅游饭店星级的划分与评定》《旅游区（点）质量等级的划分与评定》《自驾车旅居车营地质量等级划分》《旅游民宿基本要求与等级划分》《博物馆定级评估标准》《旅行社等级的划分与评定》。调查内容包括消费者对标准、标准等级划分的了解，消费行为受标准影响的程度，以及消费者的年出游频次和基本人口统计信息。问卷设计征求了多部门专业人士的意见并在小范围内进行了测试。最终调查依托中国旅游研究院（文化和旅游部数据中心）自主网络调查平台进行，问卷于2022年10月28日16：00发布，31日17：00回收，共回收有效问卷4062份。为提高问卷调查参与的积极性，本次调查设计了抽取红包环节，用户填写完答卷即可随机抽取红包。但是这种设置红包的办法也有可能产生问题，即有些人可能为了抽取红包随便填写问卷。一般认为，这些随便填写问卷以抽取红包的人不太愿意多花时间填写问卷，因此可以通过限制填写时长将这部分问卷剔除。根据回收有效问卷数量，最终本文选择填写时长前50%的问卷共计2031份进行分析，这些问卷中填写时间最短的为63秒，平均耗时276秒，相对较为合理。

（二）信效度分析

信度分析是用来检验问卷的可靠性即检验受访者是否如实回答问卷题目的指标，一般使用Cronbacha系数值（克朗巴哈系数）作为测量指标。通过SPSS 25.0对问卷的信度进行分析，得到数值为0.876，大于标准值0.8，说明问卷信度较高，研究样本数据真实可靠。

效度用于测量题项设计是否合理。本研究通过KMO（Kaiser-Meyer-Olki）和Bartlett测度来进行问卷的效度检验，通过SPSS 25.0对问卷的效度进行分析，得到KMO值为0.949，接近1；Bartlett's球形度检验近似卡方29232.79（P=0.000），表明问卷题项设计合理。

（三）受访者人口统计信息和出游频次分析

问卷设计了性别、年龄、职业、教育程度等人口统计信息题项和一个出游频次选项。对 2031 份问卷的统计分析结果如下：受访对象以男性偏多，占总受访人数的 57.85%；受访者的年龄主要集中在 29 ～ 45 周岁（52.78%）、19 ～ 28 周岁（36.68%）两个年龄段，而年龄段超过 60 周岁的受访者占比仅 0.39%，18 周岁及以下的占比也仅为 2.51%，受访者的年龄段分布符合一般网络问卷特点，这些年龄段也是出游的主力；受访对象的受教育程度主要集中在大学学历，其中专科学历占比 31.61%，本科学历占比 44.56%，初中及以下学历的受访者仅占 3.30%，总体而言受访者的受教育程度较高；就受访者从事的职业而言，大部分是企业、事业单位及公务员，其中企业工作的受访者占 37.37%，而事业单位及公务员受访者占比 39.44%，这和受访者的受教育程度较高也是相符的。就出游频次而言，大部分的受访者的年均出游次数少于 3 次，3 次及以上的仅占 33.90%，考虑到疫情影响，这个结果也较为正常。

（四）消费者对旅游等级标准的认知分析

1. 消费者对旅游标准知晓程度分析

大部分受访者表示知道问卷所提到的 6 个国家级旅游标准，每个旅游标准均有 70% 以上的游客表示是知道的，说明这些旅游标准还是被消费者广泛知晓。但消费者对各个旅游标准的知晓程度存在差异。知道《旅游饭店星级的划分与评定》的受访者明显高于其他几个旅游标准，说明该标准的影响力要明显高于其他的几个旅游标准。该标准是我国旅游标准化过程中的首次尝试，在 1993 年推出国家标准之前就有在行业内颁布其早期版本，成为国家标准后又陆续有多次修订，影响至今。其次影响力比较大的旅游标准是《旅游区（点）质量等级的划分与评定》，知晓度略高于其他 4 个旅游标准，有 72.70% 的受访者表示知道该旅游标准，这可能是因为景区标准影响面较大，大部分景区都参照该标准执行，目前国内通过该标准的 A 级旅游景区高达 13000 多家，该标准的发布时间也较早，最早的版本在 1999 年就已经发布，后在 2003 年又发布新的版本。其余 4 个国家旅游标准影响力相较而言要小一些，表示知道相关标准的受访者都在 70% ～ 72%，但从绝对数值来看也是较高的。相对于前两个标准而言，这 4 个标准颁布的时间相对较晚，且影响面相对较小。具体数据如表 1 所示。

2. 消费者对旅游标准等级划分的知晓程度分析

消费者对标准等级划分的知晓情况和对旅游标准的知晓

表1 消费者对旅游标准知晓程度

旅游等级标准	知道	略知但不是很清楚	不知道
《旅游饭店星级的划分与评定》	81.59%	16.59%	1.82%
《旅游区（点）质量等级的划分与评定》	76.12%	21.02%	2.86%
《自驾车旅居车营地质量等级划分》	73.26%	21.32%	5.42%
《旅游民宿基本要求与等级划分》	74.00%	21.91%	4.09%
《博物馆定级评估标准》	73.41%	21.86%	4.73%
《旅行社等级的划分与评定》	74.99%	20.53%	4.48%

情况大体保持一致，《旅游饭店星级的划分与评定》标准对酒店进行星级划分是被最多受访者所熟知的，回答知道的受访者占总人数的84.15%，其次是《旅游区（点）质量等级的划分与评定》，有80.11%的受访者表示知道该标准对景区进行A级划分，其他4个旅游标准的等级划分知晓度要小于前两者，但回答知道的仍均在73.00%以上。具体数据如表2所示。

3. 消费者对旅游标准等级划分内容的了解程度分析

问卷设计了消费者认为按照相关标准哪个等级代表最高等级的题项，以了解消费者对旅游标准等级划分内容的了解程度。比如，饭店是一星级、三星级还是五星级代表最高等级，景区是A级、3A级还是5A级代表等级最高等。和对标准以及标准等级划分的知晓相比，消费者对标准等级划分内容的了解程度要低很多。如知道饭店最高等级为五星、景区最高等级为5A级的分别只有64.25%、65.63%。知道博物馆一级代表较高等级的只有40.62%，这可能是因为博物馆分为一级、二级、三级，如果不真正了解的话容易按照习惯理解成为三级或五级最高（虽然没有五级博物馆，但题项设计了该干扰项）。而正确率最高的是《旅游民宿基本要求与等级划分》，其正确率达到74.00%，这可能是因为该标准将民宿分为甲、乙、丙三个等级，按照我国的文化传统一般甲就代表最高，因此回答甲是最高等级的受访者也不一定代表他真正了解。上述情况说明很多消费者对旅游等级标准的认知停留在表面，对等级划分内容的了解不够深入。部分消费者是自认为知道，其实并不是十分了解，因此导致对旅游标准等级划分内容认知的正确率并不高。具体数据如表3所示。

表2 消费者对旅游标准等级划分的知晓程度

旅游等级标准	知道	略知但不是很清楚	不知道
《旅游饭店星级的划分与评定》	84.15%	13.79%	2.06%
《旅游区（点）质量等级的划分与评定》	80.11%	17.63%	2.26%
《自驾车旅居车营地质量等级划分》	74.30%	20.58%	5.12%
《旅游民宿基本要求与等级划分》	73.51%	22.16%	4.33%
《博物馆定级评估标准》	73.36%	20.38%	6.26%
《旅行社等级的划分与评定》	75.53%	19.94%	4.53%

表 3　消费者对旅游标准最高等级认知的正确性情况

旅游等级标准	正确	错误	不知道
《旅游饭店星级的划分与评定》	64.25%	34.32%	1.43%
《旅游区（点）质量等级的划分与评定》	65.63%	33.14%	1.23%
《自驾车旅居车营地质量等级划分》	50.00%	43.21%	6.79%
《旅游民宿基本要求与等级划分》	74.00%	21.47%	4.53%
《博物馆定级评估标准》	40.62%	52.93%	6.45%
《旅行社等级的划分与评定》	58.00%	36.58%	5.42%

4. 旅游等级标准对消费者行为的影响程度分析

总体而言，消费者在进行决策时比较重视旅游等级标准，80% 以上的消费者在出游时会把旅游等级标准作为重要决策依据，且消费者对 6 个旅游等级标准的重视程度较为接近，只有小部分消费者在决策时不太关注旅游等级标准。由此可见，旅游等级标准对消费者的消费行为起到了重要的引导作用。具体数据如表 4 所示。

5. 消费者对旅游等级标准的态度及需求分析

针对旅游等级标准和口碑评价哪一个对消费者决策影响更大的回答，50.32% 的受访者表示旅游等级标准的影响明显大于口碑评价，23.29% 的受访者表示旅游等级标准的影响略微大于口碑评价，12.02% 的受访者表示差不多，9.45% 的受访者表示口碑评价影响略大于旅游等级标准，4.92% 的受访者表示口碑评价影响明显大于旅游等级标准。这种情况说明旅游等级标准在消费者心目中还是占有重要地位的。

表 4　旅游等级标准对消费者的消费行为影响程度情况

旅游等级标准	非常重视	重视	一般	不重视	非常不重视
《旅游饭店星级的划分与评定》	54.46%	28.11%	15.21%	2.02%	0.20%
《旅游区（点）质量等级的划分与评定》	57.41%	28.75%	12.51%	1.18%	0.15%
《自驾车旅居车营地质量等级划分》	55.59%	24.52%	16.64%	2.86%	0.39%
《旅游民宿基本要求与等级划分》	58.79%	25.26%	13.15%	2.36%	0.44%
《博物馆定级评估标准》	56.62%	25.80%	13.94%	3.10%	0.54%
《旅行社等级的划分与评定》	57.85%	25.85%	13.59%	1.87%	0.84%

针对是否要出台更多的旅游等级标准的回答，大部分受访者持积极的支持态度，88.83% 的受访者认为出台旅游等级标准有必要和非常必要，8.71% 的受访者持无所谓的态度，只有极小部分的受访者持反对态度。这说明管理部门还是应该考虑出台更多的旅游等级标准。

6. 消费者人口统计信息、出游频次与旅游等级标准认知的交叉分析

通过对受访者人口统计特征、出游频次和旅游等级标准认知题项的交叉分析发现，性别、年龄、职业等人口统计特

征对消费者旅游等级标准认知没有明显影响，但学历和出游频次对消费者旅游等级标准认知有显著影响。随着学历的增高、出游次数的增多，消费者对旅游等级标准的认知程度进一步加深。这符合一般的逻辑推理，学历高往往见识更广，出游多往往经验更丰富。具体数据见表 5、表 6。

表 5 消费者学历与旅游等级标准认知的交叉分析

标准名	选项	初中及以下	高中	大专	本科	研究生及以上
《旅游饭店星级的划分与评定》	知道	74.6%	77.0%	81.6%	83.0%	86.3%
	略知	20.9%	21.3%	16.5%	15.2%	12.8%
	不知	4.5%	1.7%	1.9%	1.8%	0.9%
《旅游区（点）质量等级的划分与评定》	知道	64.2%	70.3%	74.5%	79.6%	80.3%
	略知	32.8%	27.7%	22.3%	17.7%	16.2%
	不知	3.0%	2.0%	3.2%	2.7%	3.5%
《自驾车旅居车营地质量等级划分》	知道	67.1%	66.0%	71.5%	73.5%	77.3%
	略知	25.4%	27.3%	24.0%	21.4%	17.2%
	不知	7.5%	6.7%	4.5%	5.1%	5.5%
《旅游民宿基本要求与等级划分》	知道	59.7%	68.3%	71.7%	77.7%	72.6%
	略知	31.3%	26.7%	23.7%	18.8%	23.1%
	不知	9.0%	5.0%	4.6%	3.5%	4.3%
《博物馆定级评估标准》	知道	64.1%	68.0%	71.3%	75.2%	77.1%
	略知	29.9%	26.3%	24.2%	18.8%	18.6%
	不知	6.0%	5.7%	4.5%	6.0%	4.3%
《旅行社等级的划分与评定》	知道	64.2%	68.3%	72.4%	80.2%	81.2%
	略知	23.9%	23.4%	23.1%	17.1%	13.7%
	不知	11.9%	8.3%	4.5%	2.7%	5.1%

表 6 消费者年出游频次与旅游等级标准认知的交叉分析

标准名	选项	0 次	1 次	2 次	3 次	4 次及以上
《旅游饭店星级的划分与评定》	知道	66.3%	76.0%	82.1%	87.2%	88.2%
	略知	24.1%	22.2%	16.2%	12.5%	10.6%
	不知	9.6%	1.8%	1.7%	0.3%	1.2%
《旅游区（点）质量等级的划分与评定》	知道	66.3%	66.9%	76.2%	84.0%	85.0%
	略知	25.0%	28.4%	21.4%	15.4%	13.4%
	不知	8.7%	4.7%	2.4%	0.6%	1.6%

续表

标准名	选项	0 次	1 次	2 次	3 次	4 次及以上
《自驾车旅居车营地质量等级划分》	知道	60.6%	63.4%	76.8%	80.7%	83.2%
	略知	27.9%	29.9%	19.1%	14.5%	13.7%
	不知	11.5%	6.7%	4.1%	4.8%	3.1%
《旅游民宿基本要求与等级划分》	知道	61.6%	70.2%	75.4%	79.5%	82.6%
	略知	31.3%	22.1%	21.3%	17.7%	14.6%
	不知	7.1%	7.7%	3.3%	2.8%	2.8%
《博物馆定级评估标准》	知道	61.6%	64.4%	74.6%	78.6%	86.6%
	略知	31.3%	26.0%	21.7%	17.7%	10.6%
	不知	7.1%	9.6%	3.7%	3.7%	2.8%
《旅行社等级的划分与评定》	知道	66.3%	71.2%	74.8%	80.9%	83.8%
	略知	27.8%	21.1%	21.1%	17.4%	11.2%
	不知	5.9%	7.7%	4.1%	1.7%	5.0%

四、结论与讨论

随着我国旅游标准化进程的推进，旅游标准对我国消费者的影响越来越大。旅游等级标准虽然在近年来受到了一些质疑，但是从调查结果来看，消费者对旅游等级标准的认知总体上还是较为乐观的，对于出台更多旅游等级标准态度也是积极的。但是也要看到，消费者对不同旅游等级标准的认知存在差异，而且很多消费者对等级标准停留在“有所耳闻”的表面，对其具体内容缺乏真正的了解，这种情况会对我国旅游等级标准的有效性造成不利影响。

那如何才能更高效地发挥我国旅游等级标准的效用？首先，在标准制定过程中应该更多地关注消费者的意见，让消费者参与到旅游标准的制定中，这样的标准才更能反映消费者的需要和期盼，其推行也才会更加顺畅和受欢迎。其次，标准应该随市场变化而适时进行修订，以保持标准的生命力和适用性。再次，严格标准执行和等级评定工作，全面建立退出机制，将高等级数量保持在一定范围内。复次，建议对等级划分简化，比如就分为合格和优秀，这样更有利于消费者认知，而且企业也有申报的积极性。最后，加强旅游标准宣传，提供更多的获取和学习渠道，改变现在消费者对旅游标准一知半解的现状。

（作者单位：贺州学院）

旅游专业产学合作教育内部环境评价：量表构建、检验与应用①

王 苗[1] 张冰超[2]

一、问题的提出

产学合作教育（Cooperative Education）是一种倡导把工作经验带入理论课程的教育理念，强调采用“学习与工作相结合”的方式培养人才。作为一种培养人才的手段，合作教育既在西方国家高等教育中被广泛推崇，同时参加合作教育也是毕业生求职的必备条件之一。学术界普遍认为，产学合作教育是由赫尔曼·施耐德于1906年在美国辛辛那提大学发起的。他指出“大学里的理论学习和在商业环境中的实践学习是由多方面机制协调而来，而教育者起到主导的作用。无论是教授还是导师，每天都在学生工作的地方观察操作的所有细节，并做笔记，指导促使学生把理论知识应用到实践工作中。也就是说，整个学习过程中理论和实践相辅相成，使得实践具有最高的教育价值②”。国务院办公厅印发《关于深化产教融合的若干意见》，指出深化产教融合，促进教育

① 基金项目：2022年辽宁省普通高等教育本科教学改革研究项目《文旅融合背景下新文旅人才培养模式研究》，2021年大连外国语大学教学改革研究项目《文旅融合背景下新文旅人才培养模式研究——以大连外国语大学为例》，辽宁省教育科学“十四五”规划2021年度课题《新文科建设背景下文旅人才培养模式创新研究》，JG21DB132

② Committee on Education, House of Representatives, Sixty-third congress, United States of America (1914): “Cooperative System of Education-Vocational Education,” in a hearing before the Committee on Education (second session) of Herman Schneider, on 26th of January 1914, Washington, Government Printing Office.

链、人才链与产业链、创新链有机衔接，是当前推进人力资源供给侧结构性改革的迫切要求，对新形势下全面提高高等教育质量、扩大就业创业、推进经济转型升级、培育经济发展新动能具有重要意义。

目前，产学合作教育是我国高等教育研究，特别是应用型高等院校建设研究的一个热点方向。现有相关研究主要集中于解读其内涵与价值，厘清其维度及具体项目，揭示其形成规律与影响因素，探讨其发展模式与方法等。具体而言，国内学术界已经注意到了产学合作效果评价的重要性，学者们从各个不同视角对其进行了研究，例如建立专门的机构，从目标、影响度和效益这三个维度对产学合作进行评价，是建立科学合理的产学合作管理与评价体系的有效途径。多数学者着眼于高校人才培养效果的角度，对产学合作效果进行评价。产学合作教育水平应根据就业基地、专业设置、培养目标、课程改革与教材建设、教学环境与“双师”培养、技能培养与职业资格证书、产学研与技术服务这七个方面的标准，分为浅层次、一般层次和高层次三个合作层次进行评价；有的则从产学合作教育资源、过程和效果三个方面，借助绩效管理中的绩效企标，设计了产学合作评价指标体系。有的则提出了基于校外基地、校内专业建设、结合实践项目、产学合作师资力量以及产学合作实效性五个评价模块的由企业、行业、教师、学生四方共同参与的评价模型。在对产学合作绩效进行评价时，应从学校管理、企业运营和综合评价等多角度对产学合作各个主体的绩效进行评价；还有从合作效益、“顾客”、合作流程以及学习与成长四个维度选取了 16 个指标构建了产学合作绩效评价指标体系。总体上看，对于产学合作教育评价的研究还是比较缺乏，特别是评价工具的开发和检验更是鲜见，仅有的几个都是在借鉴国外评价工具基础上编制而成，并未对量表的结构合理性、信度、效度等指标进行统计学上的严格检验与控制，且其观察评价的情境比较繁杂，不易操作实行。

针对这一现状，我们试图对产学合作教育的内部环境进行量表评价（内部环境的主要影响因素为企业、学校和学生等）。即在扎根理论和实践研究基础上，以旅游管理类专业的产学合作教育为依托，通过与高校学生、教师以及行业代表的访谈，对取得数据进行数理统计分析，编制一套符合我国实际、操作性强、高信度与高效度的产学合作教育内部环境评价量表，并通过问卷调查来采集相应的数据，采用数理统计方法来验证这一量表的科学性。然后应用量表，对国内旅游管理类专业产学合作的程度进行分层。基本逻辑是通过量表分值的不同，给予产学合作以整体性区分和评价。

二、量表设计

本部分采用关键事件访谈法（Behavioral Event Interview）来展开定性研究，对国内旅游管理相关专业产学合作构成维度进行解析，整个过程首先要搜集旅游类产学合作教育的关键事件，然后参照扎根理论的方法对访谈的资料进行编码分析，抽取合作教育关键要素，从而概括出旅游管理相关专业产学合作结构的理论框架，进而基于这一理论框架，开发与编制产学合作教育内部环境评价量表。

（一）访谈设计

1. 样本选择

访谈选取了 60 位访谈对象。具体来看，首先在全国范围内选择了 8 所旅游类合作教育开展得比较深入而且有特色的高校，对其行政管理者（旅游类专业相关院长）进行深度访谈。其次，研究选取了 12 位高校合作教育项目指导教师，也就是项目导师进行访谈。本研究还邀请了 20 位来自国际国内旅游和酒店企业集团的人力资源高管。此外，还有 20 名不同类型高校旅游酒店管理专业的参与过或者正在参与产学合作教育的学生。

2. 访谈过程

访谈通过打电话和面谈的形式，采取半开放的方式，根据研究设计对受访者提问。每一位访谈者的时间在 40 分钟左右。整个资料收集过程持续了 3 个月的时间，收集的内容包括开展产学合作教育的方式、具体做法、教学过程的参与、企业提供的支持条件、学校提供的支持条件、组织和协调、评价和反馈、学生的成长以及存在问题等。

3. 访谈结果编码

（1）开放式编码（Open Coding）。在对访谈录音进行文字处理后，首先对访谈文本进行开放式编码。如表 1 所示，研究者对 60 名受访者访谈的文本资料进行了初始编码，在对书面数据的语言含义进行充分理解的基础上，采用尽量一致或较为接近的代码。在编码过程中采用字母加数字指代不同类型受访者（T 为高校管理者和教师，C 为企业受访者，S 为学生），在对 60 名受访者访谈文本进行初始编码后，形成

表 1 主轴编码

关系类别	影响关系的范畴
课程体系设计	校企共同参与—理论课程内容—课程设置—实践内容—教学模式
组织指导	合作协议—学校组织—规章制度—机构设置—岗位指导
服务支持	教学环境优化—挂职锻炼机会—就业帮助—毕业生追踪—评价机制—利益保障

了351个初始编码号。根据扎根理论的操作程序，首先对初始编码进行了概念化分析，然后对初始编码开展多次整合与梳理，最后经过对提取出来的概念和原始资料的反复比较，最终从初始编码中提取出了46个概念和16个范畴。

（2）主轴编码（Axial Coding）。通过开放式编码整理归纳访谈文本，并且进行概念化和范畴化后，得到的范畴相互之间是独立的，需要进一步对范畴之间的关系进行深入分析。为了探析各个范畴之间的关系，我们针对开放式编码得到的范畴进行逐一分析，通过主轴编码，发现范畴之间存在着一定的逻辑关系，根据这些逻辑关系对这些范畴进行逐一归类，形成以下三类关系。

归纳分析主轴编码的概念和关系，我们得知课程体系设计是指基于职业需求的课程设置和工作与学习结合的课程设计。组织指导是指对于参与合作项目的学生进行有效的指导、组织和协调。服务支持是指提供包括就业机会、心理咨询、生活工作条件等在内的各项与合作项目和实际工作相关的支持。同时发现这3个主范畴之间不是互相割裂的，而是一个有机的整体，产学合作教育的课程体系设计前提，组织协调是基础，服务支持是保障。它们之间的关系如图1所示。

（3）选择编码（Selective Coding）。选择编码的最终目的是能够找到一个将所有主范畴联系起来的核心范畴，通过对访谈资料进行分析可以发现，

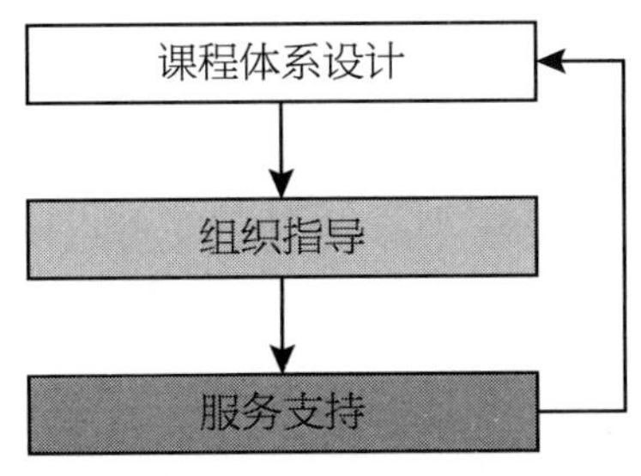

图1 三大主范畴之间的逻辑关系

产学合作教育内部是一个学校、企业和学生三方面共同作用的比较复杂的体系。进一步分析可知，三个主范畴都指向产学合作能为学生提供什么样的教育条件。因此，“产学合作教育内部环境”是本研究所确定的核心范畴，包括上述三个维度，即课程体系设计、组织指导和服务支持，如图2所示。

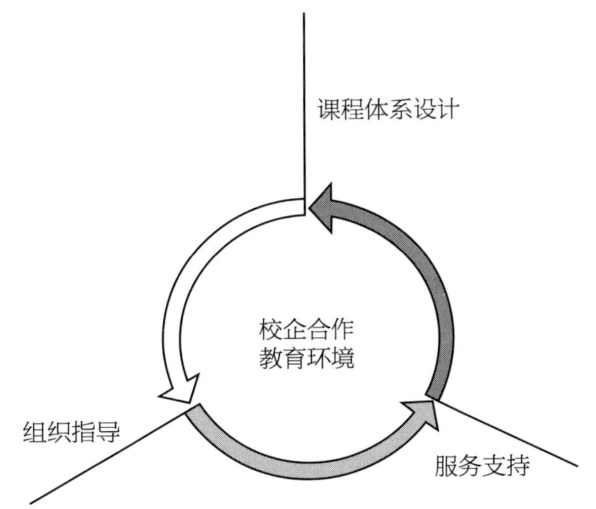

图2 产学合作教育环境的结构维度

（二）产学合作教育内部环境评价量表

根据产学合作教育的三个维度，设计产学合作教育的内部环境评价量表。量表条目的主要来源是前期研究的关键事件访谈部分结果，根据访谈抽取的概念指标形成条目池。随后，研究者以某校企联盟的专家委员会团队作为专家咨询平台，将条目池中的指标制作成为简明的专家咨询表，征求他们对于指标的意见。根据专家的反馈，舍弃了部分指标，并对部分指标进行了调整和完善，从而形成了初始的产学合作教育内部环境评价量表（表2），包含21个测度指标，其中指标1～7用于测量课程体系设计；8～14用于测量校企双方在合作教育项目中的组织指导，15～21用于测量校企双方提供的服务支持。所有指标采用5级打分法，要求被调查者对其所在学校提供的产学合作教育进行1～5级的评价。

表2 产学合作教育内部环境评价量表

一级维度	二级指标
课程体系设计	01. 将产学合作教育深入人才培养全过程，企业与学校密切配合，构建科学合理产教融合教学模式和课程体系
	02. 企业派专家来学生学校讲课和讲座
	03. 产学合作教育教学设计很大程度上提升了学生解决问题的能力
	04. 课堂学到的理论和实践知识对产学合作教育的过程很有帮助
	05. 针对产学合作教育的课程设置
	06. 产学合作教育的模式多样性、形式灵活性
	07. 产学合作教育的内容与学生专业相关性
组织指导	08. 校企双方深度合作，签订人才共同培养协议，面向社会需求，共建产业学院和企业工作室、实验室、创新基地、实习实践基地等
	09. 学校重视产学合作教育，将学生实习实践与课堂教学放在同等地位
	10. 学校产学合作教育的相关政策文件、规章制度健全
	11. 学校建立负责相关产学合作教育的专门机构
	12. 强化企业主体地位，企业重视产学合作教育，不仅从企业发展角度，更从社会责任角度，给予产学合作教育支持
	13. 学校安排专门的教师负责产学合作教育中的学生指导工作，能够对学生进行有效组织和引导，随时为学生解决问题
	14. 企业建立负责产学合作教育的专职部门，负责产学合作的发展规划、工作实施和与学校对接

续表

一级维度	二级指标
服务支持	15. 优化产学合作教育的教学环境，实现校企之间资源共享、优势互补
	16. 学校能够创造条件，鼓励教师到企业挂职锻炼，打造双师型队伍
	17. 企业能够积极配合学校，提供优良的教师挂职锻炼机会
	18. 能够对参与产学合作教育的毕业生发展进行 3 年以上的就业跟踪
	19. 产学合作教育的评价机制健全，包括学校评价、企业评价以及第三方评价
	20. 为学生提供高品质就业机会，企业优先录用参与产学合作教育的学生
	21. 产学合作教育各方的利益特别是学生利益能够得到保障，以契约的形式明确

三、量表的检验

为了验证产学合作教育内部环境评价量表的合理性，我们对质性研究得到的题项进行定量方法检验，通过调查问卷数据来检验测量指标的合理性。在问卷设计过程中，本研究采用问卷星来完成整个问卷的全面设计，同时选择了辽宁和黑龙江省两个院校（其中一个为应用型本科院校，一个为高等职业院校）的应届毕业生（150 名）和往届毕业生（150 名）进行了问卷预调查，发放问卷 300 份，有效回收 264 份。

（一）描述统计

量表指标的描述统计检验是指通过测量和检验量表各指标问题所反映出概念变量的基本属性特征，主要集中于平均值、标准差、偏度、峰度等检验，其中过高或过低的平均值、较大的标准差（变差系数）与严重偏态等分布倾向均用来表示测量量表可能存在指标鉴别能力不足的情况。

此次调研量表数据的平均值普遍偏高，但考虑到由于学生期望存在过高原因，也可以接受一定程度的均值偏离，同时也可知量表的标准差、偏度和峰度基本符合检验标准。因此，我们可以认为这 21 个测量量表指标具有一定的鉴别力和代表性。

（二）信度检验

本研究采用 Cronbach' α 系数进行量表的内在信度检验，以检验各个维度测量指标的内在一致性（表 3）。

产学合作教育的三个维度信度系数分别在 0.9 以上，这说明课程体系设计、组织指导、服务支持具有较高稳定性，因此，量表分维度的测量指标具

表 3　产学合作教育分维度信度检验

维度	题目个数	Cronbach's α 系数
课程体系设计	7	0.928
组织指导	7	0.95
服务支持	7	0.948

有较好的一致性。

（三）效度检验

探索性因子分析（EFA）显著性 P 值显示为 0.000，这表明选用 EFA 方法的合理性。同时，本研究采用主成分方法提取公因子，考虑到前文访谈资料扎根分析和文献综述所提炼的维度指标，本部分提取与前面理论分析相契合的 3 个公因子，具体如表 4 所示，其中量表因子累积解释方差变化率为 71%，说明这 21 个量表指标能很好解释变量方差的变异性，结果是可以接受的。除此之外，我们还发现题项 6 在组织指导维度的因子载荷是 0.557，而在课程体系设计维度的因子载荷是 0.637；同时题项 7 在组织指导维度的因子载荷为 0.500，而在课程体系设计维度的因子载荷是 0.612，这也说明变量指标之间存在一定共线性，但是考虑到指标代表性和理论逻辑推演，本文将题项 6 和题项 7 归于因子载荷较高的课程体系设计维度，这也符合相关检验标准。

表 4　量表旋转因子分析

题项	因子 1	因子 2	因子 3
CE12	0.794	0.206	0.390
CE13	0.792	0.259	0.315
CE10	0.733	0.397	0.321
CE11	0.725	0.300	0.409
CE08	0.655	0.465	0.329
CE09	0.633	0.486	0.255
CE14	0.631	0.387	0.428
CE03	0.218	0.803	0.313
CE02	0.283	0.782	0.224
CE01	0.342	0.718	0.272
CE05	0.347	0.673	0.281
CE04	0.167	0.673	0.410
CE06	0.557	0.637	0.246
CE07	0.500	0.612	0.292
CE17	0.217	0.315	0.762
CE15	0.421	0.155	0.753
CE20	0.288	0.385	0.734
CE19	0.431	0.364	0.641
CE21	0.309	0.338	0.631
CE16	0.483	0.308	0.629
CE18	0.463	0.365	0.550

本文采用最大方差法得到的旋转后因子载荷矩阵如上所示。不难发现，此次调研数据中萃取的 3 个公因子与理论分析结果相吻合，这表明本研究设计的测量问卷具有较高的建构效度。同时，因子旋转结果也正好验证了前文的理论推演。基于以上分析，量表问卷检验分析共提取 3 个公因子，分别是课程体系设计公因子，包括 7 个指标；组织指导公因子，包括 7 个指标；服务支持公因

子，包括7个指标。

四、量表的应用

（一）产学合作教育的分层建构

目前，我国旅游管理类专业的产学合作开展的比较广泛、形式多样，但是程度不一、深浅不同，各院校产学合作在教育内容设计、组织指导、服务支持等方面都呈现出较大的差异性。因此，我们应用上述量表对于旅游管理类专业的产学合作发展的不同程度进行了分层评价，其中以得分结构构建分层体系。这种分层评价体系，可以使产学合作的主体在分层体系中确定自身的层次定位，并且根据自身的办学传统、办学资源和办学特色，确定未来自己努力可以达到的层次，在目标范畴内追求一流和卓越。我们把旅游管理类的产学合作教育分为三个层次，即初级、中级和高级层次。

初级层次又可以称为项目参与式，量表得分大约在42分以下。项目参与式的产学合作以简单的项目为核心，向实习单位派送和接收实习生为主，形式可能逐渐发展到建立实习实践基地或定向培养。在这一层次，无论是派送实习生、定向培养还是实习基地，企业都是简单参与到人才培养的过程中，没有特殊的课程开发和设计，学生在这个过程中只能获取比较简单的操作经验和社会体验。学生在校学习阶段校方没有前置的合作内容，没有把合作教育内容设计到培养方案当中，无论是理论课程还是实践教学，都与非合作教育的设计无异。在合作的组织指导方面，在学生到企业实习期间，校方一般会派出实习指导教师进行指导，但指导的内容多数以解决实习中发生的实际问题为主，如学生意外事件和情绪波动等；在企业方面，对学生的指导也多数来自具体业务，其最终目的是使得学生能够完成简单工作即可。从服务支持方面来说，无论是院校还是企业，对于产学合作支持力度都非常有限，并没有将产学合作推向深入，合作仅限于实习或者培养项目，相互之间没有逻辑衔接的强度。对于合作的评价机制模糊甚至缺位，没有将实习与就业很好地在这一平台上融合，甚至于多数旅游企业认为尽量为项目中的学生创造比较良好的工作生活条件，同时再对学生提供一定的业务培训，这些就是比较好的支持。

随着校企双方认识增强、信任增进、投入增加，合作将达到新的层次，这个层次称为有机融合式，量表得分在43～84分。在这一阶段，产学合作的内容与学生专业结合紧密，无论是教学内容、教学方法还是教学手段，都能够聚焦于培养学生的动手能力和解决问题能力，学校和企业在学生培养方面逐渐融合，你中有我，我中有你，特色人才定制项目是有机融合类型的有效载体。从课程体系设计来看，企业还经常派人员参与教学过程，如派专家来给人才定制项目的学生授课和讲座、与专任教师进行教学研讨。学校方面，针对产学合作设计培养方案，参考企业意见，安排前置课程的学习。从组织指导来看，校企双方能够深度合作，签订人才共同培养协议，面向社会需求，初步共建产业学院和企业工作室、实验室、创新基地、实习实践基地等。企业能够比较重视产学合作教育，在保证企业利益的前提下履行一定社会责任感，明确负责机构或者部门，给予产学合作教育人财物的支持；学校会安排产学合作教育部门或者教师对项目进行有效的组织和协调，出台产学合作教育相关的一些规范性制度文件，对学生进行指导，能够对学生表现进行反馈，随时解决工作过程中出现的问题，随时关注学生的思想动态。从服务支持角度来看，校企双方能够初步建构出保障性的契约，以保障学校、企业和学生三方的基本利益。企业方面能够为学生提供较高品质就业机会，优先录用参与产学合作教育的学生，提供一定的岗位供教师挂职锻炼；学校方面，对于产学合作能够建立一定的评价机制，对参与产学合作教育的部分同学能够进行 3 年左右毕业跟踪，制定相关政策鼓励教师到企业挂职锻炼。

在校企双方有机融合基础上，合作可以进入更高层次，即全面战略式产学合作，量表得分在 85 分以上。主要的承载模式有产学合作共建二级学院、高端人才定制项目和人才培养发展中心等。在这一过程中，企业将发挥主体作用，对高等教育负有使命感，将产学合作纳入企业战略，要么成为人才培养工作的主要支持者，要么是主要出资者或主要赞助者，这是在前两个合作层次基础上进入的一个全新的阶段。在课程体系设计、组织指导和服务支持这三个方面校企双方全面战略合作，形成共同的目标和愿景，保障学生权益，发挥各自的资源禀赋优势，为社会培养高素质专门人才。这个模式下需要学校按照产学合作教育的要求完善相应的制度供给，对现有的教学运行模式进行全方位调整和适应。同时，企业也需要建立相对学校的配套评价和管理制度，企业和学校之间需要建立制度化的专门性协调部门。

Wayne C.Johnso 曾经就产学合作的层次类型提出了“合作连续统一体”（Partnership Continuum）模型，在这个模型中学校与企业的战略合作的发展是沿着一个连续统一体前进的。与马斯洛需求层次理论的递进关系相似，基础的需要必须在战略合作需要前得到满足。借鉴“合作连续统一体”，本研究将项目参与式、有机融合式和全面战略式连接成一个整体（图3）。

（二）产学合作教育结构维度与层次单因素方差分析

为了验证上述三个层次的科学性，研究者利用前述研究中问卷采集到的数据，剔除已经删掉的指标题项，对旅游类院校产学合作教育的层次和结构维度进行了单因素方差分析。方差分析是检验多组样本均值间的差异是否具有统计意义的一种方法。本部分选用单因素方差分析（One-Way ANOVA）检验产学合作各个变量（课程体系设计、组织指导、服务支持）在三个产学合作层次下的显著性。

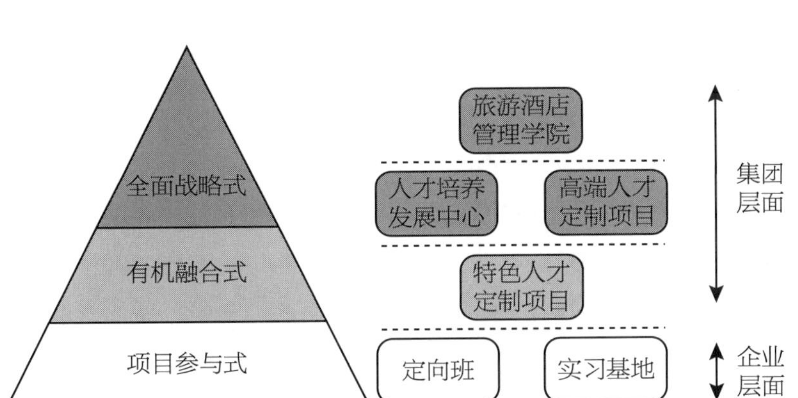

图3　国内旅游类高等院校产学合作层次模型

表5　单因素方差分析结果

产学合作教育		平方和	*df*	均方	*F*	显著性
课程体系设计	组间	8.851	2	4.425	5.835	0.003***
	组内	329.906	435	0.758		
	总数	338.757	437			
组织指导	组间	6.010	2	3.005	3.349	0.036*
	组内	390.351	435	0.897		
	总数	396.361	437			
服务支持	组间	4.265	2	2.132	4.355	0.013*
	组内	212.995	435	0.490		
	总数	217.259	437			

表5数据表明，产学合作层次对课程体系设计、组织指导和服务支持的 F 检验显著性水平 P 值小于0.05，这说明项目参与式、有机融合式和全面战略式三个层次在不同维度上具有显著性差异。由此印证了这三个层次划分的合理性。其中，三个层次在课程体系设计这一维度上表现的差异性最为明显，这个结果符合前文的分析，即在课程体系设计方面，不同层次的产学合作教育方式有明显的差异。其次为服务支持，差异性最不明显的是组织指导。原因在于无论是哪个层次的合作教育项目，学校和企业的组织协调、跟踪反馈等都是比较必要的，只是不同层次的涉入程度有所差异。

（作者单位：1.大连外国语大学商学院；2.山东工商学院工商管理学院）

科技助力绿色低碳发展的旅游实践

——以澳门旅游学院为例

罗嘉贤　李汉斯

绿色低碳发展是目前国际国内、政产学研各领域都重点关注的议题。本文以澳门旅游学院为例，介绍并分析它在宾馆、餐厅以及校园管理方面绿色低碳发展与科技引领的多项实践，希望能为酒店、餐厅以及院校的绿色低碳发展带来一些启示。

一、绿色低碳发展已成为国家战略

《2030 年可持续发展议程》于 2015 年在联合国大会第七十届会议上通过，2016 年 1 月 1 日正式启动，该议程呼吁各国为今后 15 年实现 17 项可持续发展目标而努力。2020 年 9 月 22 日，中华人民共和国主席习近平在第七十五届联合国大会一般性辩论上提出，“应对气候变化《巴黎协定》代表了全球绿色低碳转型的大方向，是保护地球家园需要采取的最低限度行动，各国必须迈出决定性步伐。中国将提高国家自主贡献力度，采取更加有力的政策和措施，二氧化碳排放力争于 2030 年前达到峰值，努力争取 2060 年前实现碳中和。各国要树立创新、协调、绿色、开放、共享的新发展理念，抓住新一轮科技革命和产业变革的历史性机遇，推动疫情后世界经济‘绿色复苏’，汇聚起可持续发展的强大合力”[①]。

2021 年 2 月 2 日，国务院

① 习近平在第七十五届联合国大会一般性辩论上的讲话（全文），https://www.ccps.gov.cn/xxsxk/zyls/202009/t20200922_143558.shtml

发布的《国务院关于加快建立健全绿色低碳循环发展经济体系的指导意见》指出：要深入贯彻党的十九大和十九届二中、三中、四中、五中全会精神，全面贯彻生态文明思想，认真落实党中央、国务院决策部署，坚定不移贯彻新发展理念，全方位全过程推行绿色规划、绿色设计、绿色投资、绿色建设、绿色生产、绿色流通、绿色生活、绿色消费，使发展建立在高效利用资源、严格保护生态环境、有效控制温室气体排放的基础上，统筹推进高质量发展和高水平保护，建立健全绿色低碳循环发展的经济体系，确保实现碳达峰、碳中和目标，推动我国绿色发展迈上新台阶。

2022 年 10 月 16 日，习近平总书记在中国共产党第二十次全国代表大会上所作的报告第十部分“推动绿色发展，促进人与自然和谐共生”中专门强调大自然是人类赖以生存发展的基本条件，尊重自然、顺应自然、保护自然是全面建设社会主义现代化国家的内在要求。

二、科技越来越成为绿色低碳发展的重要支撑

低碳经济强调依靠能源技术创新和制度创新、推动强化节约能源、提高能源效率和开发利用清洁低碳能源、从而降低温室气体排放强度[①]。技术创新是产业结构低碳化的主要动力。技术创新推动产业结构低碳化主要有三种方式：一是技术创新可以催生新型产业；二是技术创新改变产业间的投入产出技术关系；三是技术创新影响需求结构的变化，从而影响产业发展[②]。

近年来绿色低碳发展与科技引领的结合越来越紧密，以科技创新为动力推动绿色低碳发展正在成为各界关注的焦点。以绿色低碳与科技结合为主题的大会在多地召开，如 2022 年 7 月 6 日绿色发展国际科技创新大会在宁夏银川市以线上形式举行；2022 年 8 月 15—16 日中国绿色低碳创新大会在浙江省湖州市举行；等等。各界通过会议、研讨、调研等方式分享经验和研究成果，努力依靠科技创新破解绿色发展难题，同时，他山之石也可以促进企业和机构借鉴优秀实践并采用。

绿色低碳发展和科技创新在餐厅、酒店都有不同程度的应用。中英文文献中的相关研究也日益增多，主要关注绿色认证与低碳经济、技术应用的壁垒、技术应用的影响、酒店客人节能环保意识、酒店低碳管理的实施路径、低碳服务的提供和消费意向等。例如，中文文献中徐峰的《低碳酒店研

① 樊纲．世界低碳发展的中国主张［M］．香港：商务印书馆（香港）有限公司，2010：20.

② 宋德勇，卢忠宝，等．中国低碳发展：理论、路径与政策［M］．北京：中国社会科学出版社，2015：157-158.

究与实践》一书对低碳酒店的理论和实践进行了深入研究，构建了酒店业节能减排和低碳发展的完整的体系框架[①]。英文文献中 Cynthia Mejia（2019）的研究以技术接受结构为基础，以绿色促进条件及绿色领导为驱动力，探讨影响酒店业绿色技术使用行为的主要驱动因素[②]。

三、科技助力绿色低碳发展的澳门旅游学院案例

澳门旅游学院于 1995 年成立，为澳门公立高等院校，受澳门特别行政区政府社会文化司监督，提供旅游及服务业范畴的学位和专业培训课程。可持续发展是澳门旅游学院所有活动的核心，学院遵循 ISO 14001：2015 环境管理体系的框架运作，以有效的环境管理系统规划学院的未来。2016 年，学院通过 ISO 14001 环境管理体系认证审核。以 6R（减少、再造、维修、回收、反思及拒绝）的理念为依托，学院成立了环境管理体系委员会引领师生共同实现学院的环保目标。澳门旅游学院一直坚持节能减排，在所管理的餐厅、酒店以及校园都贯彻落实可持续发展理念，并有多项绿色实践。

（一）绿色酒店与科技

望厦迎宾馆作为澳门旅游学院的教学酒店，于 2007 年获得澳门环境保护局颁发的澳门环保酒店奖，酒店采用了多项环保措施，并积极将酒店业界的各项环保措施介绍给学生，将研究、行业与教学紧密结合。

1. 酒店低碳建筑与设计

望厦迎宾馆于 2020 年完成了大型维修工程并增加了更多环保设施。在装修过程中，宾馆负责人、澳门旅游学院环境管理体系委员会负责人与设计公司讨论如何将省电应用到客房中。设计公司结合专业知识及经验，设计了碳排放计算器并安装于每一间客房，将客人的用电量转化为数字。望厦迎宾馆也自然成为澳门首家安装碳排放计算器的酒店。宾馆内每间客房均安装碳排放计算器，用以计算客人入住期间所产生的碳排放量，提高客人的环保意识。根据客人反馈，碳排放计算器大大提升了客人的节能减排意识。房间内空调的设定温度和使用时间对碳排放计算器的数字影响最大，即空调温度越低、使用时间越长，碳排放计算器的数字越高。客人在房间期间会尽可能减少使用空调，离开房间前也会关闭空调，尽可能避免碳排放计算器数字过大。空调和碳排放计算器邻近摆放（图 1），从心理层面使得客人将空调使用与节

① 徐峰．低碳酒店研究与实践［M］．杭州：浙江工商大学出版社，2014．

② Cynthia Mejia. Influencing green technology use behavior in the hospitality industry and the role of the "green champion"［J］. *Journal of Hospitality Marketing & Management*，2019，28（5）：538–557.

图 1　澳门旅游学院望厦迎宾馆客房内的碳排放计算器

能减排联系在一起。宾馆根据客人房间碳排放计算器的数字，对客人的环保行为进行奖励，如果客人用电量少，就会在离店的时候收到礼物，以此进一步激励客人提升环保意识。

在酒店房间安装碳排放计算器并通过心理层面、内部和外部奖励相结合的方式提升客人的环保意识是一项创新，体现了将科技融入绿色低碳举措中并与管理优化相结合。

在环境设计方面，酒店内设计了植物墙及玻璃天幕，这些设施有助于净化空气及充分利用自然采光。户外植物墙对绿化环境以及空气净化起到了积极作用，也成为望厦迎宾馆客人、行人拍照打卡的地方。

在设施配备方面，望厦迎宾馆增设了雨水收集管道并将雨水储存到地下储水池，根据情况需要用于灌溉草地及其他植物。望厦迎宾馆客房从 2022 年起停止提供塑料瓶装水，以此减少塑料瓶的使用，取而代之的是在酒店内每层楼公共区域设置饮水机。

2. 低碳服务产品的提供

望厦迎宾馆使用环保清洁用品，按客人需求更换毛巾、床单，节能灯具以及分类回收垃圾桶等，以减少对环境的污染。同时也邀请客人参与到环保活动中，如自备个人用品，有需要时才要求更换床单及毛巾、做好垃圾分类、离开房间时关掉灯具、电器等。

在管理方面，望厦迎宾馆选择合作伙伴（例如，保安和清洁公司），要求合作公司也有 ISO 认证，这样双方在环保举措方面有共识、容易沟通。在选用清洁用品时，望厦迎宾馆也选购绿色环保品牌的产品。

望厦迎宾馆设计并推出了“明日地球”明信片，入住的客人填写“明日地球”明信片，写下对环境的看法及承诺，以及希望三年后环境可以有哪些改变，望厦迎宾馆将根据客人填写的日期于三年后将明信片寄回给客人。这个活动希望可以让客人关注保护环境的长远意义。

（二）绿色餐厅与科技

2022 年 1 月，澳门旅游学院在学生及员工餐厅引入了 Winnow 人工智能厨余管理系统，在就餐区和厨房都安装了该系统。Winnow 是一家智能厨房技术服务商，致力于为酒店餐饮行业提供智能技术管理食物浪费。通过 Winnow 人工智能厨余管理设备，加上配套的平板电脑应用程序，厨房员工可以记录下食物被浪费的种类和数量并计算相应的费用（图 2）。这些数据会被上传到

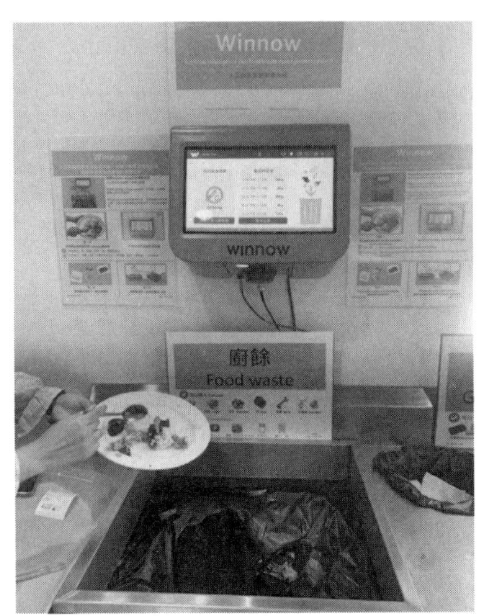

图 2　澳门旅游学院学生及员工餐厅人工智能厨余管理监测设备

云端，并通过 Winnow 的算法进行分析，以减少食物浪费。该系统通过人工智能帮助餐饮部门控制食物制作量并了解就餐者食物偏好，从而进一步减少制作过剩、碳排放和降低成本。

学生及员工餐厅一直使用厨余分解机将食物残渣转化为肥料土壤，产出物可以变成学院空中花园里的不同香草和蔬菜的有机肥料，这种措施可以有效减少食物浪费。

澳门旅游学院的教学餐厅于 2021 年荣获澳门首颗米其林指南的绿星奖项，一直坚持推广可持续美食和环保工作。教学餐厅使用电子菜单，减少了因印刷菜单所消耗的纸张和墨水所产生的碳足迹（图 3）。

澳门旅游学院望厦校区空中花园有专门的香草种植区。一年四季种植各种香草，如百里香、月桂叶、牛至、罗勒、莳萝、辣椒、迷迭香、柠檬草和薄荷等。教学餐厅菜单中的菜品中就使用了以上香草。

空中花园还有蔬菜种植区，主要种植根茎类蔬菜，如土豆、芹菜、胡萝卜、白萝卜和姜黄等。通过介绍这些蔬菜的种植方法和食用价值，向学生展示食材如何从农场到餐桌。学院内也种有各类果树，通过种植食用植物和香草，将人与大自然联系起来。当花园里所种植的香草超出所需要使用量时，这些香草会被晒干、包装后销售。

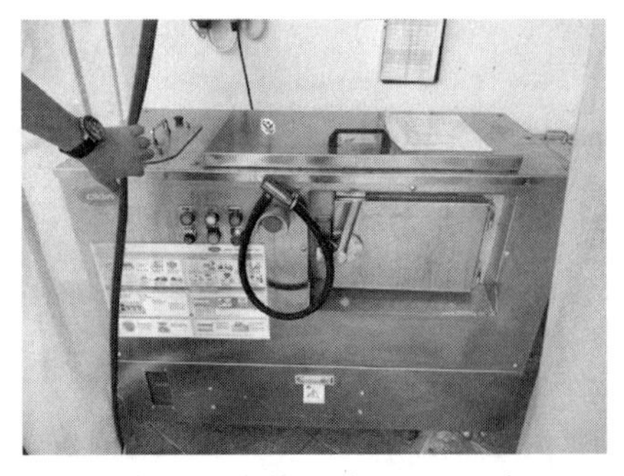

图 3　澳门旅游学院学生及员工餐厅厨余分解机

在鱼菜共生系统中，池水中鱼的排泄物，含有氮、氨等成分，这些物质用于蔬菜施肥、为蔬菜生长提供所需养分，而且蔬菜产生净化水质作用后，又可以流回鱼池再利用（图4）。这个系统实现了动物、植物、微生物三者之间的生态平衡，减少了如果直接排到河川、土壤中可能造成的环境污染。

（三）绿色校园与可持续发展战略

从 2012 年起，澳门旅游学院每年举办“健康绿色体验月”活动，将环保理念融入教育，加强学生、员工甚至游客

图 4　澳门旅游学院望厦校区鱼菜共生系统

的环保意识和价值观，让环保节约成为一种生活态度，并带到社会生活中，实行源头减废，提倡珍惜资源。每年“健康绿色体验月”中举办各类活动，如升级改造废旧化妆品的活动，将回收的废旧化妆品转化为水彩颜料并用于英文书法工作坊；还有无冷气夜、蔬食厨艺示范等各种各样的活动。在2019年9月的“健康绿色体验月”中，学院将9月23日设定为学院内部的“无外卖日”，鼓励学生、员工到学生、员工餐厅就餐，以减少使用塑料餐具及外卖盒。此后每个月的23日都成为学院“无外卖日”。每个月的最后一个星期三为“熄灯1小时及无电梯日”，学院希望借此鼓励师生多使用楼梯，增强节能意识。

学院各校区里设立了多处回收点，回收不同类型的物品（包括电池、玻璃瓶、塑料瓶、铝罐、纸张、碳粉盒及墨水盒等），鼓励学生和老师妥当回收、物尽其用。

学院在2014年开始在校内安装饮水机，到目前为止已安装了超过50台饮水机。学院一直鼓励学生及员工自备饮水瓶，减少购买包装饮品，从而降低塑料瓶的消耗。2021年，学院于校园内停止售卖一切塑料瓶装饮品。

随着学院学术水平的进步，学生可在本学院选择修读文凭、学士学位和研究生课程。这样，学生在学习生涯中可能不止一次穿上毕业袍。为此，从2020/2021学年起，学院在毕业袍设计中加入了环保概念，各学位毕业袍使用同一样式，只需更换不同的披肩和流苏，目的就是要传递社会的可持续发展、终身学习和持续进修的理念。在毕业礼上改用电子场刊以取代纸张场刊，从而减少印刷产生的污染，减少纸张使用。学院内设有不织布和纸袋回收及取用点，供学生及员工循环再利用。

学院支持并全力配合环保局发出的公共部门环保采购指引，所有采购程序都加入了环保要求。2017年学院引入PaperCut系统，打印纸张数量逐年减少，这一系统有效改变了师生的打印习惯。

此外，学院每年都会邀请学校代表及各班代表作为环保大使，大使们带动同学们一起节约能源，积极推广可持续发展理念，让保护环境成为生活的一部分。

四、结语

减少碳排放需要政府、企业、机构、个人等多方共同努力，共同倡导和实施低碳、可持续消费模式。本文以澳门旅游学院为例，介绍其在餐饮、酒店和校园管理中的节能减排、人与自然和谐共生的实践，希望能为科技助力绿色低碳发展以及企业、院校的可持续发展提供一些启示。

（作者单位：澳门旅游学院）

国际旅游标准化发展现状和趋势展望

张凌云

标准化是人类在长期生产实践过程中逐渐摸索和创立起来的一门科学，也是一门重要的应用技术。当今时代已进入后工业化时代，标准和标准化从早期工业化生产的狭窄领域，进入农业、信息业、服务业乃至生活的各个领域，特别是服务业的标准化，更是标准化发展的新领域、新方向。旅游业作为服务业中的重点行业，其标准化的建设一直是学界和行业普遍关注的重点，也是旅游业提质增效，实现高质量、可持续发展的制度性基础。

2017 年修订的《标准化法》第八条指出“国家积极推动参与国际标准化活动，开展标准化对外合作与交流，参与制定国际标准，结合国情采用国际标准，推进中国标准与国外标准之间的转化运用”。随着改革的深入和市场经济的发展以及中国加入世界贸易组织，标准化发展开始由本土化走向国际化，从对标和采纳国际标准取得准入市场“入场券”到参与和主导制定国际标准，赢得行业“话语权”，是增强我国旅游企业国际竞争力的必由之路。

一、国际标准化组织与旅游标准化

国际上标准化运动起源于 20 世纪初叶的欧洲，最早始于电子领域，1906 年成立了世界上最早的国际标准化机构——国际电工委员会（IEC）。其他技术领域的工作原先由成立于 1926 年的国家标准化协会的国际联盟（International Federation of the National Standardizing Associations，ISA）承担，重点在于机械工程方面。ISA 的工作由于第二次世界大战在 1942 年终止。1946 年来自 25 个国家的代表在伦敦召开会议，决定成立一个以促进国际的合作和工业标准的统一的新的国际组织。于是，1947 年 2 月 23 日国际标准化组织（International Organization for Standardization，ISO）宣告成立。国际标准化组织（ISO）是世界上最大的标准制定组织，是一个全球性的非政府组织，总部设在日内瓦，其简称“ISO”与其全称“International Organization for Standardization”的缩写并不相同，这是因为“ISO”并不是其全称首字母的缩写，而是来源于希腊语意，为“相等”一词。现在有一系列用它作前缀的词，诸如“isometric”（意为“尺寸相等”）“isonomy”（意为“法律平等”），从“相等”到“标准”，内涵上的联系使“ISO”成为组织的简称。ISO 于 1951 年发布了第一个标准——《工业长度测量用标准参考温度》。国际上标准化运动由工业产品、农产品、交通运输等领域扩展到信息产业和服务业。

ISO 是连接公共部门和私营部门的桥梁，宗旨是在世界范围内促进标准化工作的开展，以利于国际物资交流和互助，并扩大知识、科学、技术和经济方面的合作。其工作领域涉及除电工电子以外的所有领域，包括服务、旅游和休闲领域。其成员类型包括政府机构、由政府部门授权的机构以及国家确立的植根于私营部门的行业协会。采取政府监管、授权机构负责、专业机构起草、全社会征求意见的标准化工作运行机制。其财政来源主要是成员的会费（约占 70%）和每年标准及其他出版物的发行收入（约占 30%）[①]。

ISO 成员分为三类：正式成员、通讯成员和注册成员，每个国家只能由一个具有广泛代表性的国家标准化机构参加。截至 2021 年年底，ISO 共有成员 167 个国家标准机构，其中正式成员（Member bodies）124 个，通讯成员（Correspondent members）39 个，注册成员（Subscriber members）4 个。中国是 ISO 创始国之一，由于数年不缴纳会费，1950 年被停止会籍。1978 年中华人民共和国重新成为 ISO 成员，并于 2008 年 10 月第 31 届 ISO 大会上正式成为 ISO 理事会常任成员，目前

① 根据 http://www.iso.org/ 资料整理而来。

以国家标准化管理委员会的名义参与ISO的活动。

ISO的主要技术工作是通过技术委员会（Technical Committees，TC）进行的。技术委员会的设立必须由理事会批准，其工作范围则由技术管理局确定，每个技术委员会可以根据需要设立若干分技术委员会（Sub Committees，SC）。技术委员会、分技术委员会下面按项目设立若干工作组（Work Group，WG）。每个技术委员会、分技术委员会均设有秘书处，由ISO的正式成员担任，每个工作组设一名召集人。技术委员会、分技术委员会成员分为正式成员（P成员）和观察成员（O成员），正式成员享有投票的权利和义务，观察成员仅能参加会议和获取资料。截至2021年年底，ISO共设有3751个技术机构，其中技术委员会255个，小组委员会503个，工作组和分组2896个，特设研究组97个，共制定ISO标准和标准化文件24121项。

按照ISO统一的技术工作程序，制定标准分为正常程序和快速程序。正常程序大致包括7个阶段。

（一）预备阶段：提出预备工作项目

在技术委员会或者工作组层面达成共识，然后一般由技术委员会发起为期6周的内部投票，三分之二以上正式成员国赞成票才能正式注册为预备工作项目。技术委员会和分技术委员会可将由正式成员投票多数通过但尚不成熟的不能进入下一阶段处理提出预备工作项目（Preparatory Work Item，PWI）。

（二）提案阶段：提交新的工作项目提案

可由国家团体、技术委员会或分技术委员会秘书处以及其他相关组织提出工作项目提案（New Proposal，NP），并要求一定数量正式成员同意参加，再经过技术委员会或分技术委员会简单多数投票通过即被接受。三分之二以上正式成员国投赞成票，且至少5个正式成员国积极参与，方可被注册为工作项目提案。若3年内未转化为工作项目提案，该预备工作项目将被注销。

（三）准备阶段：准备工作草案

工作项目提案被接受后，技术委员会或分技术委员会负责组建工作组，由项目负责人和专家共同提出工作草案（Work Draft，WD）。工作草案作为第一个委员会草案分发给技术委员会或分技术委员会成员，由理事会执行办公室负责登记。

（四）委员会阶段：提出委员会草案

第一个委员会草案（Committee Draft，CD）分发给技术委员会或分技术委员会成员讨论，提出意见和修改后，经技术委员会或分技术委员会的正式成员投票同意，并且解决所有技术问题后，便可以作为征求意见草案分发，并由理事会执行办公室登记。

（五）征求意见阶段：提出征求意见草案

将征求意见草案（Draft International Standard，DIS）分发给所有成员国投票，当正式成员三分之二及以上赞成且反对票不超过投票总数的四分之一时，草案即通过，经修改后成为最终国际标准草案，由理事会执行办公室登记。

（六）批准阶段：提出最终国际标准草案（FDIS）

将最终国际标准草案（Final Draft International Standard，FDIS）再度分发给所有成员国投票，当正式成员三分之二及以上赞成且反对票不超过投票总数的四分之一时通过，即批准作为国际标准（International Standard，IS）发布。如未获通过，可将文件退回委员会。

（七）出版阶段：印刷发行国际标准

出版标准并公开发行。

快速程序是为了适应快速变化的科技发展和市场需求，通过简化程序制定标准。一般应先由较为成熟的标准文件，作为制定国际标准的草案，从而省略正常程序中的准备阶段乃至委员会阶段，加快了标准制定的进程。

旅游标准化出现在20世纪80年代以后，是ISO家族中的年轻成员。2005年成立的“旅游及其相关服务”（Tourism and related services）技术委员会（ISO/TC 228）共设有两个秘书处，分别设在西班牙标准化和认证协会（Spanish Standardization and Certification Association，AENOR），以及突尼斯国家标准化和工业产权研究所（National Institute for Standardization and Industrial Property，INNORPI）。

二、ISO与国际旅游标准

ISO/TC 228的成立比我国旅游标准化技术委员会（SAC/TC 210）成立的时间晚了整整10年，1993年我国发布的第一部旅游标准《旅游涉外饭店星级的划分及评定》（GB/T 14308—93）更比ISO的旅游标准早了15年以上。然而，我国参与国际旅游标准化活动较晚，2005年成立ISO/TC 228时，我国只是以观察员身份加入的，并不是正式成员。直到2018年3月，我国才成为ISO/TC 228正式会员。截至2022年10月，ISO/TC 228共有正式会员63个，观察员41个，下设12个工作组（表1），其中有些工作组目前正处于筹建改组或召集人换届中，WG19和WG20的召集人都是现任中国贸促会商业行业委员会秘书长姚歆，这是我国首次出任ISO/TC 228的工作组召集人。截至2022年12月，ISO/TC 228在研的国际标准共17项，其中，由中国牵头的在研项目共5项，包括2021年立项的ISO 9468、ISO14785

表 1 ISO/TC 228 工作组名称

工作组编码	工作组名称	召集人	成立日期
ISO/TC 228/CAG	首席咨询组（Chair Advisory Group）	M.OTERO 先生	2016-04-08
ISO/TC 228/WG1	潜水服务（Diving services）	M.Denison 先生	2006-03-16
ISO/TC 228/WG3	旅游信息和咨询服务（Tourist information and reception services at Tourist Information Offices）	—	2015-02-06
ISO/TC 228/WG7	探险旅游（Adventure tourism）	L.Persi 先生	2017-05-10
ISO/TC 228/WG8	游艇码头（Yacht harbors）	—	2018-07-18
ISO/TC 228/WG11	光船租赁服务（Bare boat charter services）	S.Carruthers 先生	2006-07-27
ISO/TC 228/WG13	可持续旅游（Sustainable tourism）	A.Garrido 先生	2008-04-29
ISO/TC 228/WG14	无障碍旅游 Accessible tourism）	M.Diotallevi 女士	2008-08-04
ISO/TC 228/WG15	住宿业（Accomodation）	—	2008-08-04
ISO/TC 228/WG16	餐馆业（Restaurants）	H.Ghaderi 女士	2009-04-06
ISO/TC 228/WG17	旅游者（Tourist visits）	M.C.C.G ó mez 女士	2011-01-14
ISO/TC 228/WG19	在线旅行商（Online travel agencies，OTA）	姚歆先生	2021-12-15
ISO/TC 228/WG20	展览和会议（Exhibition and Convention）	姚歆先生	2022-02-10

资料来源：ISO TC228 官网，https://www.iso.org/committee/375396.html

和 ISO 25639-1，以及两项预备工作项目。

每个工作组负责本领域的标准化工作，包括调研、立项、组织专家编写、发布、实施等，或者区域层面的标准上升为国际标准的审核工作。

ISO 标准化文件类型主要包括国际标准（IS）、指南（Guide）、技术规范（TS）、可公开提供规范（PAS）、技术报告（TR）和国际研讨会协议（IWA）。

（1）国际标准（IS）——为 ISO 最常见的文件形式，是由技术委员会各方协商一致制定的文件，其制定程序遵循 ISO/IEC 导则第一部分技术工作程序的相关规定。制定过程的阶段性文件包括工作组草案（WD）、委员会草案（CD）、征求意见草案（DIS）和最终国际标准草案（FDIS）。

（2）技术规范（Technical Specification，TS）——现阶段由于标准化对象涉及的技术内容仍处在发展阶段或未达成形成标准所需要的协商一致等原因，在委员会阶段通过的，未来有可能形成标准的标准化文件。如果尚不能立即获得批准成为 ISO/IEC 标准所需要的支持或其他原因，通常，标准化技术委员会在提案阶段提出技术规范新工作项目提案。在实践中，也存在提案阶段提出制定标准的新工作项目提案，但是由于上述原因，在委员会阶段再决定作为技术规范发布的情况。技术规范是ISO/IEC委员会内部代表技术协商一致的规范性文件。可在立项阶段正式批准时由技术委员会或分技术委员会决定制定；也可以在文件制定过程中在委员会阶段由于不能获得作为国际标准的必要支持，改为技术规范。技术规范每3年进行复审，复审结果包括作为技术规程继续存在3年、进入修订程序、成为最终国际标准或撤销。技术规范发布6年后升级为最终国际标准或者撤销。

（3）可公开提供规范（Publicly Available Specification，PAS）——ISO/IEC为了满足市场急需，在ISO或IEC以外的组织或工作组内的专家达成协商一致的、在起草阶段通过的、未来有可能形成技术规范或标准的标准化文件。

（4）技术报告（Technical Report，TR）——ISO/IEC发布的包括不同于技术规范或标准的资料，在委员会阶段通过、未来不会形成技术规范或标准的标准化文件。这些资料可能包括，实践中获得的数据、工作数据或标准中特定标准化对象最新技术水平的数据。

（5）指南（Guide）——ISO/IEC中由标准化技术委员会或分技术委员会之外的机构制定的，为国际标准化活动提供规则、指导或建议的标准化文件。指南用于处理所有ISO/IEC标准用户关注的问题。由政策制定委员会或者由技术管理局建立并控制其运行的委员会或工作组制定。在委员会或工作组内达成共识后，草案分发给ISO正式成员进行为期4个月的投票，产生征求意见草案，草案获得同意票数在少于四分之一的情况下（不计弃权票）成为指南。

国际研讨会协议（International Workshop Agreement，IWA）——为满足市场急需，通过研讨会机制形成的标准化文件。ISO技术管理局批准任何方面提出举办研讨会的提案，并指定一个ISO成员协助提案人。国际研讨会协议经研讨会成员协商一致通过。

截至2022年12月，ISO/TC 228已发布标准42项，在编标准18项，废止11项（表2），涉及的标准化对象包括潜水、健康旅游、探险旅游、游艇港口、光船租赁、志愿旅游、住宿设施可持续管理系统、无障碍旅游、在线旅行商、展览和会议等。

由于ISO的国际标准制定程序过程严谨，且需要多数成员协商一致达成共识，涉及多方利益的反复博弈和协调妥协。因此，一项国际标准从申请立项到发布周期较长，标准的时效性较差，也正因为

表2 ISO/TC 228 已发布、在编旅游标准化文件

序号	标准编号	标准名称（英文原名）	中文参考译名	备注
1	ISO/FDIS 3021	Adventure tourism—Hiking and trekking activities — Requirements and recommendations	探险旅游　远足和徒步活动　要求和建议	最终国际标准版草案
2	ISO 3163	Adventure tourism — Vocabulary	探险旅游　词汇	编制中
3	ISO/DIS 5103	Tourism and related services — Dry stack boat storage — Minimum requirements for operations and service provision	旅游和相关服务　干船存放　操作和服务提供的最低要求	国际标准草案
4	ISO/PAS 5643：2021	Tourism and related services — Requirements and guidelines to reduce the spread of Covid-19 in the tourism industry	旅游和相关服务　减少 Covid-19 在旅游业传播的要求和准则	可公开提供规范
5	ISO/AWI 8804-1	Requirements for the training of Scientific Divers — Part 1：Scientific Diver	科考潜水员培训要求　第1部分：科考潜水员	批准的工作项目
6	ISO/AWI 8804-2	Requirements for the training of Scientific Divers — Part 2：Advanced Scientific Diver	科考潜水员培训要求　第2部分：高级科考潜水员	批准的工作项目
7	ISO/AWI 8804-3	Requirements for the training of Scientific Divers — Part 3：Scientific Diving Project Leader	科考潜水员培训要求　第3部分：科考潜水项目负责人	批准的工作项目
8	ISO/WD 9468	Tourism and related services — Online travel agency（OTA）— Guidelines for online accommodation booking platform services	旅游和相关服务　在线旅行社（OTA）在线住宿预订平台服务指南	工作组草案
9	ISO 11107：2009	Recreational diving services—Requirements for training programmes on enriched air nitrox（EAN）diving	休闲潜水服务　高氧潜水（EAN）潜水培训项目的要求	现行有效
10	ISO 11121：2009	Recreational diving services— Requirements for introductory training programmes to scuba diving	休闲潜水服务　水肺潜水入门培训方案的要求	已被更替
11	ISO 11121：2017	Requirements for introductory programmes to scuba diving	水肺潜水入门课程的要求	现行有效
12	ISO/CD 11956	Adventure tourism — Cyclotourism — Requirements and recommendations	探险旅游　环线旅游　要求和建议	委员会草案
13	ISO 13009：2015	Tourism and related services—Requirements and recommendations for beach operation	旅游和相关服务　海滩作业的要求和建议	现行有效
14	ISO 13289：2011	Recreational diving services— Requirements for the conduct of snorkelling excursions	休闲潜水服务　潜水观光游览的要求	现行有效

续表

序号	标准编号	标准名称（英文原名）	中文参考译名	备注
15	ISO 13293：2012	Recreational diving services— Requirements for gas blender training programmes	休闲潜水服务　富氧气体培训要求	现行有效
16	ISO 13687：2014	Tourism and related services—Yacht harbours—Minimum requirements	旅游及相关服务　游艇港口最低要求	现行有效
17	ISO 13687-1：2017	Tourism and related services —Yacht harbours—Part 1：Minimum requirements for basic service level harbours	旅游和相关服务　游艇码头　第 1 部分：基本服务水平最低要求	已被更替
18	ISO 13687-2：2017	Tourism and related services— Yacht harbours—Part 2：Minimum requirements for intermediate service level harbours	旅游和相关服务　游艇码头　第 2 部分：中等服务水平　最低要求	现行有效
19	ISO 13687-3：2017	Tourism and related services—Yacht harbours—Part 3：Minimum requirements for high service level harbours	旅游和相关服务　游艇港口第 3 部分：高等服务水平最低要求	现行有效
20	ISO 13810：2015	Tourism services—Industrial tourism—Service provision	旅游服务　工业旅游　服务供应商	已被更替
21	ISO 13810：2022	Tourism and related services — Visits to industrial，natural，cultural and historical sites — Requirements and recommendations	旅游和相关服务　游览工业、自然、文化和历史遗迹要求和建议	现行有效
22	ISO/TS 13811：2015	Tourism and related services —Guidelines on developing environmental specifications for accommodation establishments	旅游和相关服务　住宿设施环境规范指南	技术规范
23	ISO 13970：2011	Recreational diving services —Requirements for the training of recreational snorkelling guides	休闲潜水服务　休闲浮潜导游的培训要求	现行有效
24	ISO 14785：2014	Tourist information offices— Tourist information and reception services—Requirements	旅游信息中心　旅游信息和接待服务　要求	现行有效
25	ISO/WD 14785.2	Tourism and related services — Tourist information and reception online and onsite services	旅游和相关服务　线上和线下旅游信息和接待服务	工作组草案
26	ISO/WD 16520	Tourism and related services — Restaurants — Vocabulary	旅游和相关服务　餐厅　词汇	工作组草案
27	ISO 17679：2016	Tourism and related services —Wellness spa—Service requirements	旅游和相关服务　健康水疗　服务要求	现行有效

续表

序号	标准编号	标准名称（英文原名）	中文参考译名	备注
28	ISO 17680：2015	Tourism and related services—Thalassotherapy—Service requirements	旅游和相关服务　海洋水疗　服务要求	现行有效
29	ISO/AWI 18060	Sustainable Tourism — Indicators for organizations — requirements and guidance for use	可持续旅游　组织指标　使用要求和指南	批准的工作项目
30	ISO 18065：2015	Tourism and related services— Tourist services for public use provided by Natural Protected Areas Authorities—Requirements	旅游及相关服务　自然保护区公共旅游服务　要求	现行有效
31	ISO 18513：2003	ourism services—Hotels and other types of tourism accommodation—Vocabulary	旅游服务　酒店及其他类型的旅游住宿　术语	已被更替
32	ISO 18513：2021	Tourism services—Hotels and other types of tourism accommodation—Vocabulary	旅游服务　酒店及其他类型的旅游住宿　术语	现行有效
33	ISO 20410：2017	Tourism and related services— Bareboat charter—Minimum service and equipment requirements	旅游及相关服务　光船租赁最低服务及设备要求	现行有效
34	ISO 20611：2018	Adventure tourism—Good practices for sustainability—Requirements and recommendations	探险旅游　可持续发展的良好实践　要求和建议	现行有效
35	ISO 21101：2014	Adventure tourism—Safety management systems— Requirements	探险旅游　安全管理系统要求	现行有效
36	ISO/TR 21102：2013	Adventure—Leaders—Personnel competence	探险　领队　个人能力	技术报告，已被更替
37	ISO 21102：2020	Adventure tourism—Leaders— Personnel competence	探险旅游　领队　个人能力	现行有效
38	ISO 21103：2014	Adventure tourism—Information for participants	探险旅游　参与者信息	现行有效
39	ISO 21401：2018	Tourism and related services— Sustainability management system for accommodation establishments—Requirements	旅游和相关服务　住宿设施的可持续性管理系统　要求	现行有效
40	ISO 21406：2020	Tourism and related services — Yacht harbours — Essential requirements for luxury harbours	旅游和相关服务　游艇码头　豪华码头基本要求	现行有效
41	ISO 21416：2019	Recreational diving services— Requirements and guidance on environmentally sustainable practices in recreational diving	休闲潜水服务　休闲潜水可持续操作的要求和指南	现行有效

续表

序号	标准编号	标准名称（英文原名）	中文参考译名	备注
42	ISO 21417：2019	Recreational diving services— Requirements for training on environmental awareness for recreational divers	休闲潜水服务　休闲潜水人员环境意识培训的要求	现行有效
43	ISO 21426：2018	Tourism and related services— Medical spas—Service requirements	旅游和相关服务　医疗水疗服务要求	现行有效
44	ISO 21620：2021	Tourism and related services — Heritage hotels — Equipment and service requirements	旅游和相关服务　遗址酒店　设备和服务要求	现行有效
45	ISO 21621：2021	Tourism and related services — Traditional restaurants — Visual aspects，decoration and services	旅游和相关服务　传统餐厅　视觉、装饰和服务	现行有效
46	ISO 21902：2021	Tourism and related services — Accessible tourism for all — Requirements and recommendations	旅游和相关服务　面向所有人的无障碍旅游　要求和建议	现行有效
47	ISO 22483：2020	Tourism and related services — Hotels — Service requirements	旅游和相关服务　饭店　服务要求	现行有效
48	ISO 22525：2020	Tourism and related services — Medical tourism — Service requirements	旅游和相关服务　医疗旅游　服务要求	现行有效
49	ISO 22876：2021	Tourism and related services — Bareboat charter — Supplementary charter services and experiences	旅游和相关服务　光船租赁　附属租赁服务和经验	现行有效
50	ISO 23405：2022	Tourism and related services — Sustainable tourism — Principles，vocabulary and model	旅游和相关服务　可持续旅游　原则　词汇和模型	现行有效
51	ISO 24801-1：2007	Recreational diving services—Safety related minimum requirements for the training of recreational scuba divers—Part 1：Level 1—Supervised diver	休闲潜水服务　休闲水肺潜水员安全相关的培训最低要求　第 1 部分：1 级　监督潜水员	已被更替
52	ISO 24801-1：2014	Recreational diving services— Requirements for the training of recreational scuba divers—Part 1：Level 1—Supervised diver	休闲潜水服务　水肺潜水员培训要求　第 1 部分：1 级　潜水监督员	现行有效
53	ISO 24801-2：2007	Recreational diving services— Safety related minimum requirements for the training of recreational scuba divers—Part 2：Level 2—Autonomous diver	休闲潜水服务　休闲水肺潜水员安全相关培训的最低要求　第 2 部分：2 级　自主潜水员	已被更替

续表

序号	标准编号	标准名称（英文原名）	中文参考译名	备注
54	ISO 24801-2: 2014	Recreational diving services— Requirements for the training of recreational scuba divers—Part 2: Level 2—Autonomous diver	休闲潜水服务　水肺潜水员培训要求　第 2 部分：2 级　自助潜水员	现行有效
55	ISO 24801-3: 2007	Recreational diving services— Safety related minimum requirements for the training of recreational scuba divers—Part 3: Level 3—Dive leader	休闲潜水服务　休闲水肺潜水员安全相关的培训最低要求　第 3 部分：3 级　潜水领航员	已被更替
56	ISO 24801-3: 2014	Recreational diving services— Requirements for the training of recreational scuba divers—Part 3: Level 3—Dive leader	休闲潜水服务　水肺潜水员培训要求　第 3 部分：3 级　潜水领航员	现行有效
57	ISO 24802-1: 2007	Recreational diving services—Safety related minimum requirements for the training of scuba instructors—Part 1: Level 1	休闲潜水服务　水肺教练安全相关培训的最低要求　第 1 部分：1 级	已被更替
58	ISO 24802-1: 2014	Recreational diving services— Requirements for the training of scuba instructors—Part 1: Level 1	休闲潜水服务　水肺教练培训要求　第 1 部分：1 级	现行有效
59	ISO 24802-2: 2007	Recreational diving services—Safety related minimum requirements for the training of scuba instructors—Part 2: Level 2	休闲潜水服务　水肺教练安全相关培训的最低要求　第 2 部分：2 级	已被更替
60	ISO 24802-2: 2014	Recreational diving services— Requirements for the training of scuba instructors—Part 2: Level 2	休闲潜水服务　水肺教练培训要求　第 2 部分：　2 级	现行有效
61	ISO 24803：2007	Recreational diving services—Requirements for recreational scuba diving service providers	休闲潜水服务　提供商的休闲潜水服务要求	已被更替
62	ISO 24803：2017	Recreational diving services—Requirements for recreational diving providers	休闲潜水服务　潜水服务供应商的要求	现行有效
63	ISO/AWI 24063	Requirements for rebreather diver training—Non-decompression diving	换气式潜水员培训要求　无减压潜水	批准的工作项目
64	ISO/WD 24642	Recreational diving services—Requirements for rebreather diver training—Decompression diving to 45 m	休闲潜水服务　呼吸器潜水员培训要求　减压潜水到水下 45 米	工作组草案
65	ISO 24804：2022	Recreational diving services — Requirements for rebreather diver training — No-decompression diving	休闲潜水服务　换气潜水员培训的要求　无减压潜水	现行有效

续表

序号	标准编号	标准名称（英文原名）	中文参考译名	备注
66	ISO 24805：2022	Recreational diving services — Requirements for rebreather diver training — Decompression diving to 45 m	休闲潜水服务　换气潜水员训练的要求　减压潜水至45米	现行有效
67	ISO/DIS 24806	Recreational diving services — Requirements for rebreather diver training — Decompression diving to 60 m	休闲潜水服务　换气潜水员培训要求　减压潜水至60米	国际标准草案
68	ISO/DIS 24807	Recreational diving services — Requirements for rebreather diver training — Decompression diving to 100 m	休闲潜水服务　换气潜水员训练的要求　减压潜水至100米	国际标准草案
69	ISO 25639-1：2008	Exhibitions, shows, fairs and conventions — Part 1：Vocabulary	展览和会议　第1部分：词汇	现行有效
70	ISO/AWI 25639-1	Exhibitions, shows, fairs and conventions — Part 1：Vocabulary	展览和会议　第1部分：词汇	批准的工作项目
71	ISO 25639-2：2008	Exhibitions, shows, fairs and conventions — Part 2：Measurement procedures for statistical purposes	展览和会议　第2部分：统计测量程序	现行有效

资料来源：https://www.iso.org/committee/375396/x/catalogue/p/1/u/0/w/0/d/0，查询日期2022年12月，略有改动。

如此，ISO/TC 228已发布的这些国际旅游标准大多是些基础性的，如术语、词汇等，或者涉及旅游者安全和卫生、规范信息发布等，标准化对象具体而明确，要么是供应商，要么是教练员、领队，这样标准实施的对象就非常明确，实施和监督的可操作性强。而对于新技术在旅游业中的应用较少涉猎。

三、西班牙旅游国家标准

与ISO/TC 228相比，欧洲一些国家的旅游标准化活动更为活跃，其中尤以西班牙最为突出。西班牙旅游资源丰富，自然和人文旅游资源都非常具有吸引力，是欧洲各国游客青睐的海洋度假天堂。西班牙也将旅游业作为支柱性产业来发展。因此，西班牙对于旅游标准化工作和服务质量标准化建设非常重视。也因为ISO/TC 228秘书处就设在西班牙首都马德里，又恰与联合国世界旅游组织（UNWTO）共处一城，具有其他国家无可比拟的优势。西班牙是主持和参与制定旅游国际标准最多的国家。由于西班牙标准化是基于市场化机制，政府的影响力较弱。西班牙的国家标准不追求体系的大而全，而是按照实际需求制定专项旅游标准，如在特种旅游安全培训和安全管理方面，重点制定了潜水旅游的系列标准和探险旅游的安全系统标准系统等标准；其他专项旅游，如高尔夫球、海滨旅游、航海旅游、山地滑雪和工业旅游等。西班牙美食也是一项重要的旅游吸引物，西班牙很重视餐馆的服务和管理，制定了 9 项与餐馆有关的系列标准。目前，据不完全统计，西班牙的旅游国家标准已达 71 项，其中 48 项旅游国家标准都是采用双编号，甚至是三编号，即本国标准编号（UNE）、国际标准编号（IS）和欧洲标准（CEN 或 EN）编号（表 3），说明西班牙旅游标准国际化程度很高，不少国家标准都是“等同”采用（IDT）欧洲标准和国际标准，且这些标准中大多数是由西班牙标准化和认证协会牵头起草的，而欧洲标准化委员会（European Committee for Standardization，CEN）于 1991 年 6 月与 ISO 在维也纳签订的《ISO 与 CEN 技术合作协议》（The agreement on technical cooperation between ISO and CEN），即《维也纳协议》（Vienna Agreement）更是赋予欧洲特殊的主导地位。许多欧洲标准都被上升为国际标准。因此，欧洲国家的旅游标准普遍与 ISO 标准一致性程度很高。

与 ISO/TC 228 标准不同的是，西班牙近年来非常重视智慧旅游建设，UNE 178501 ~ UNE 178504 都是与智慧旅游目的地（SMD）相关的系列标准。同时也“等同”采用了 ISO 与 EN 的智能交通体系（ITS）、智能交通和旅行信息（TTI）

表 3　西班牙国家旅游标准

序号	标准编号	各标准英文原名	参考中文译名
1	UNE-ISO/PAS 5643：2021	Tourism and related services—Requirements and guidelines to reduce the spread of Covid-19 in the tourism industry（ISO/PAS 5643：2021）	旅游业和相关服务　减少新冠肺炎在旅游业传播的要求和指南
2	UNE-ISO 11107：2010	Recreational diving services—Requirements for training programmes on enriched air nitrox（EAN）diving	休闲潜水服务　富氧潜水（EAN）潜水培训项目的要求
3	UNE-EN ISO 11121：2017	Recreational diving services—Requirements for introductory programmes to scuba diving	休闲潜水服务　水肺潜水入门程序的要求
4	UNE-ISO 13009：2016	Tourism and related services—Requirements and recommendations for beach operation	旅游和相关服务　海滩作业的要求和建议
5	UNE-EN ISO 13293：2013	Recreational diving services—Requirements for gas blender training programmes	休闲潜水服务　高氧气体培训要求

续表

序号	标准编号	各标准英文原名	参考中文译名
6	UNE-ISO 13687-1：2018	Tourism and related services. Yacht harbours. Part 1：Minimum requirements for basic service level harbours	旅游和相关服务　游艇港口　第1部分：港口基本服务水平的最低要求
7	UNE-ISO 13687-2：2018	Tourism and related services. Yacht harbours. Part 2：Minimum requirements for intermediate service level harbours	旅游和相关服务　游艇港口　第2部分：港口中等服务水平的最低要求
8	UNE-ISO 13687-3：2018	Tourism and related services. Yacht harbours. Part 3：Minimum requirements for high service level harbours.	旅游和相关服务　游艇港口　第3部分：高等服务水平港口的最低要求
9	UNE-EN 13809：2003	Tourism services—Travel agencies and tour operators—Terminology	旅游业务　旅游代理商和旅游运行商　术语
10	UNE-ISO 13810：2022	Tourism services. Industrial tourism. Service provision.	旅游服务　工业旅游　服务供应商
11	UNE-ISO 14785：2015	Tourist information offices—Tourist information and reception services—Requirements	旅游信息中心　旅游信息和接待服务　要求
12	UNE-EN 14804：2006	Language study tour providers. Requirements	语言游学服务供应商　要求
13	UNE-EN ISO 14819-1：2021	Intelligent transport systems—Traffic and travel information messages via traffic message coding—Part 1：Coding protocol for Radio Data System—Traffic Message Channel（RDS-TMC）using ALERT-C	智能交通系统　交通信息编码的交通和旅行信息　第1部分：无线电数据系统编码协议　ALERT-C交通信息通道（RDS-TMC）
14	UNE-EN ISO 14819-2：2021	Intelligent transport systems—Traffic and travel information messages via traffic message coding—Part 2：Event and information codes for Radio Data System—Traffic Message Channel（RDS-TMC）using ALERT-C	智能交通系统　通过交通信息编码的交通和旅行信息　第2部分：无线电数据系统事件和信息代码ALERT-C的交通信息通道（RDS-TMC）
15	UNE-EN ISO 14819-3：2021	Intelligent transport systems—Traffic and travel information messages via traffic message coding—Part 3：Location referencing for Radio Data System—Traffic Message Channel（RDS-TMC）using ALERT-C	智能交通系统　通过交通信息编码的交通和旅行信息　第3部分：无线电数据系统位置描述ALERT-C的交通信息通道（RDS-TMC）

续表

序号	标准编号	各标准英文原名	参考中文译名
16	UNE-EN 15565：2008	Tourism services—Requirements for the provision of professional tourist guide training and qualification programmes	旅游服务　提供专业导游培训和资格课程要求
17	UNE 167013：2017	Hospitality. Catering services. Service provision requirements	接待业　餐饮服务　服务供给要求
18	UNE 167014：2014	Hospitality. Food safety requirements and procedures for central kitchens of production and distribution in cook and chill line	接待业　烹饪和冷藏线生产和配送中心厨房的食品安全要求和程序
19	UNE 178501：2018	Management system of smart tourist destinations. Requirements	智慧旅游目的地管理系统：要求
20	UNE 178502：2022	Indicators and tools of smart tourist destinations.	智慧旅游目的地的指标和工具
21	UNE 178503：2022	Smart tourism destinations. Semantics applied to tourism	智慧旅游目的地：语义学在旅游中的应用
22	UNE 178504：2022	Digital smart hotel connected to smart tourism destination or smart city platforms. Requirements and recommendations	数字智能酒店连接智慧旅游目的地或智慧城市平台：要求和建议
23	UNE 178505：2022	Framework for the creation of tourist destination websites	旅游目的地网站框架创建
24	UNE 178506：2022	Methodology for the search engine optimization（SEO）positioning of tourist destination websites	旅游目的地网站搜索引擎优化（SEO）定位方法
25	UNE 178507：2022	Tourist destinations. Applications of Wi-Fi connection on beaches	旅游目的地海滩 Wi-Fi 连接应用
26	UNE 178508：2022	Tourist Destination applications（apps）model for mobile devices	移动设备的旅游目的地应用程序（App）模型
27	PNE 178509 IN（在编）	Current scenario and model for the collection, exploitation and analysis of tourist data	收集、开发和分析旅游数据的当前情景和模型
28	UNE-ISO 18065：2016	Tourism and related services—Tourist services for public use provided by Natural Protected Areas Authorities—Requirements	旅游及相关服务　自然保护区公共旅游服务　要求
29	UNE-CEN ISO/TS 18234-1：2013	Intelligent transport systems—Traffic and travel information via transport protocol experts group, generation 1（TPEG1）binary data format—Part 1: Introduction, numbering and versions（TPEG1-INV）	智能交通系统　通过运输协议专家组交通和旅行信息　第1代（TPEG1）二进制数据格式　第1部分：导则、编号和版本（TPEG1-INV）

续表

序号	标准编号	各标准英文原名	参考中文译名
30	UNE-CEN ISO/TS 18234-2：2013	Intelligent transport systems—Traffic and travel information via transport protocol experts group, generation 1（TPEG1）binary data format—Part 2: Syntax, semantics and framing structure（TPEG1-SSF）	智能交通系统　通过运输协议专家组交通和旅行信息　第1代（TPEG1）二进制数据格式　第2部分：语法、语义和帧结构（TPEG1-SSF）
31	UNE-CEN ISO/TS 18234-3：2013	Intelligent transport systems—Traffic and travel information via transport protocol experts group, generation 1（TPEG1）binary data format—Part 3: Service and network information（TPEG1-SNI）	智能交通系统　通过运输协议专家组交通和旅行信息　第1代（TPEG1）二进制数据格式　第3部分：服务和网络信息（TPEG1-SNI）
32	UNE-CEN ISO/TS 18234-4：2006	Traffic and Travel Information（TTI）—TTI via Transport Protocol Expert Group（TPEG）data-streams—Part 4: Road Traffic Message（RTM）application	交通和旅行信息（TTI）TTI通过运输协议专家组（TPEG）数据流　第4部分：道路交通信息（RTM）应用
33	UNE-CEN ISO/TS 18234-5：2006	Traffic and Travel Information（TTI）—TTI via Transport Protocol Expert Group（TPEG）data-streams—Part 5: Public Transport Information（PTI）application	交通和旅行信息（TTI）TTI通过运输协议专家组（TPEG）数据流—第5部分：公共交通信息（PTI）应用
34	UNE-CEN ISO/TS 18234-6：2006	Traffic and Travel Information（TTI）—TTI via Transport Protocol Expert Group（TPEG）data-streams—Part 6: Location referencing applications	交通和旅行信息（TTI）TTI通过运输协议专家组（TPEG）数据流　第6部分：位置应用程序
35	UNE-CEN ISO/TS 18234-7：2013	Intelligent transport systems—Traffic and travel information via transport protocol experts group, generation 1（TPEG1）binary data format—Part 7: Parking information（TPEG1-PKI）	智能交通系统　通过运输协议专家组交通和旅行信息　第1代（TPEG1）二进制数据格式　第7部分：停车场信息（TPEG1-PKI）
36	UNE-CEN ISO/TS 18234-9：2013	Intelligent transport systems—Traffic and travel information via transport protocol experts group, generation 1（TPEG1）binary data format—Part 9: Traffic event compact（TPEG1-TEC）	智能交通系统　通过运输协议专家组交通和旅行信息　第1代（TPEG1）二进制数据格式　第9部分：交通事件集（TPEG1-TEC）

续表

序号	标准编号	各标准英文原名	参考中文译名
37	UNE-CEN ISO/TS 18234-10：2013	Intelligent transport systems—Traffic and travel information via transport protocol experts group，generation 1 (TPEG1) binary data format—Part 10：Conditional access information (TPEG1-CAI)	智能交通系统　通过运输协议专家组交通和旅行信息　第 1 代 (TPEG1) 二进制数据格式　第 10 部分　条件访问信息 (TPEG1-CAI)
38	UNE-CEN ISO/TS 18234-11：2013	Intelligent transport systems—Traffic and Travel Information (TTI) via transport protocol experts group，generation 1 (TPEG1) binary data format—Part 11：Location Referencing Container (TPEG1-LRC)	智能交通系统　通过运输协议专家组交通和旅行信息　第 1 代 (TPEG1) 二进制数据格式　第 11 部分　位置描述容量 (TPEG1-LRC)
39	UNE 183001：2009	Rural accommodation. Service requirements	乡村住宿　服务要求
40	UNE 184001：2007	Touring camps and holiday cities. Service requirements	旅游营地和度假城市　服务需求
41	UNE 185001：2009	Time-sharing tourism services. Service provision requirements	分时旅游服务　服务条款的要求
42	UNE-EN ISO 18513：2004	Tourism services—Hotels and other types of tourism accommodation—Terminology	旅游服务　饭店和其他类型旅游住宿业　术语
43	UNE 187004：2008	Congress palaces. Service provision requirements	大会会场　服务供应商的要求
44	UNE 187005：2009	Convention bureaux. Service provision requirements	会议局　服务供应商的要求
45	UNE 187007：2010	Tourist Board. Requirements for the internal management and service requirements	旅游局　内部管理要求和服务要求
46	UNE 188001：2011	Golf courses. Services requirements	高尔夫球场　服务要求
47	UNE 188002：2006	Ski and mountain stations. Services requirements	山地滑雪　服务要求
48	UNE 188005：2009	Night leisure. Service provision requirements for leisure businesses	夜间休闲：休闲业服务供应的要求
49	UNE 189001：2011	Intermediation tourism services. Service requirements	旅游中介服务：服务要求
50	UNE 189002：2012	Hostess and staff service reception and support organization	服务接待和支持组织
51	UNE-ISO 21101：2015	Adventure tourism. Safety management systems. Requirements	探险旅游　安全管理系统要求

续表

序号	标准编号	各标准英文原名	参考中文译名
52	UNE-ISO/TR 21102：2015 IN	Adventure tourism—Leaders—Personnel competence	探险旅游　领队　人员的能力
53	UNE-ISO 21103：2015	Adventure tourism. Information for participants	探险旅游　参与者信息
54	UNE-ISO 21401：2019	Tourism and related services—Sustainability management system for accommodation establishments—Requirements	旅游和相关服务　住宿设施的可持续性管理系统要求
55	UNE-EN ISO 21416：2020	Recreational diving services–Requirements and guidance on environmentally sustainable practices in recreational diving（ISO 21416：2019）	休闲潜水服务　环境可持续的休闲潜水的要求和指南
56	UNE-EN ISO 21417：2020	Recreational diving services–Requirements for training on environmental awareness for recreational divers（ISO 21417：2019）	休闲潜水服务　休闲潜水者环境意识培训的要求
57	UNE-ISO 21426：2019	Tourism and related services—Medical spas—Service requirements	旅游和相关服务　医疗水疗　服务要求
58	UNE-ISO 21902：2021	Tourism and related services —Accessible tourism for all —Requirements and recommendations	旅游及相关服务　无障碍旅游的所有要求和建议
59	UNE-ISO 22525：2021	Tourism and related services —Medical tourism —Service requirements	旅游和相关服务　医疗旅游　服务要求
60	UNE-ISO 22483：2020	Tourism and related services. Hotels. Service requirements	旅游和相关服务　酒店服务要求
61	UNE-CEN ISO/TS 24530-1：2006	Traffic and Travel Information（TTI）—TTI via Transport Protocol Experts Group（TPEG）Extensible Markup Language（XML）—Part 1：Introduction, common data types and TPEG ML	交通和旅行信息（TTI）交通信息运输协议（TPEG）可扩展标记语言（XML）　第 1 部分：公共数据类型和 TPEG ML 导则
62	UNE-CEN ISO/TS 24530-2：2006	Traffic and Travel Information（TTI）—TTI via Transport Protocol Experts Group（TPEG）Extensible Markup Language（XML）—Part 2：TPEG-locML	交通和旅行信息（TTI）交通信息运输协议（TPEG）可扩展标记语言（XML）　第 2 部分：TPEG-locML
63	UNE-CEN ISO/TS 24530-3：2006	Traffic and Travel Information（TTI）—TTI via Transport Protocol Experts Group（TPEG）Extensible Markup Language（XML）—Part 3：TPEG-rtmML	交通和旅行信息（TTI）交通信息运输协议（TPEG）可扩展标记语言（XML）第 3 部分：TPEG-rtmML

续表

序号	标准编号	各标准英文原名	参考中文译名
64	UNE-CEN ISO/TS 24530-4：2006	Traffic and Travel Information (TTI)—TTI via Transport Protocol Experts Group (TPEG) Extensible Markup Language (XML)—Part 4：TPEG-ptiML	交通和旅行信息（TTI）交通信息运输协议（TPEG）可扩展标记语言（XML）第 4 部分：TPEG-ptiML
65	UNE-EN ISO 24801-1：2015	Recreational diving services—Requirements for the training of recreational scuba divers—Part 1：Level 1—Supervised diver	休闲潜水服务 休闲水肺潜水员安全相关的培训最低要求 第 1 部分：1 级 监督潜水员
66	UNE-EN ISO 24801-2：2015	Recreational diving services—Requirements for the training of recreational scuba divers—Part 2：Level 2—Autonomous diver	休闲潜水服务 休闲水肺潜水员安全相关培训的最低要求 第 2 部分：2 级 自主潜水员
67	UNE-EN ISO 24801-3：2015	Recreational diving services—Requirements for the training of recreational scuba divers—Part 3：Level 3—Dive leader	休闲潜水服务 水肺潜水员培训的要求 第 3 部分：3 级 潜水领航员
68	UNE-EN ISO 24802-1：2015	Recreational diving services—Requirements for the training of scuba instructors—Part 1：Level 1	休闲潜水服务 水肺教练安全相关培训的最低要求 第 1 部分：1 级
69	UNE-EN ISO 24802-2：2015	Recreational diving services—Requirements for the training of scuba instructors—Part 2：Level 2	休闲潜水服务 呼吸器指示培训使用的要求 第 2 部分：2 级
70	UNE-EN ISO 24803：2017	Recreational diving services—Requirements for recreational diving provider	休闲潜水服务 休闲潜水供应商的要求
71	UNE 302002：2018	Museums. Requirements for the visit service provision	博物馆：参观服务的要求

资料来源：https://www.aenor.es，查询日期：2022-12-07

等交通系列标准。

ISO/TC 228 秘书处所在的机构西班牙标准化和认证协会（AENOR）成立于 1986 年，是一个致力于推进所有的工业和服务部门的标准化和认证（S+C）发展的组织，也是欧共体标准化认证机构。另外，成立于 1945 年的国家科学委员会也设有标准化研究所（IRANOR），这是从事私营企业标准化和认证活动的非营利组织，设立宗旨是在不同的文化之间传播西班牙产品的质量和提升西班牙语的文化竞争力。

目前，西班牙全国有超过200个标准化专业技术委员会，近6000名标准化专家从事标准化工作，包括西班牙和欧洲的标准制定和认证。在1986年成立之初，西班牙标准化和认证协会主要从事工业标准化的基础工作，很少对产品质量进行标准化认证。最初认证的产品是塑料用品和家用电器，随后是建材和电工。20世纪90年代末期才进入服务行业。1989年开始根据ISO 9001 UNE-EN标准颁发了26000项认证证书，当时的认证对象主要是工业化组织，自2000年起，主要面向服务业的中小型企业。

西班牙标准化和认证协会通过与国际专业协会合作一起开发制定国家标准（UNE）以及标准化工作，如质量认证、标准化评价、培训和销售出版物。西班牙标准化和认证协会与国内外31500家专业协会和机构合作制定了世界上最完整的西语国家技术标准目录，依据开放透明、协商一致的基本原则与欧洲5000多家标准化技术委员会的11000多名专家合作制定西班牙国家标准，其中一个著名案例就是发起开展提升基础设施建设质量活动，迄今为止已完成了近900个项目。

为配合企业的对外拓展和产品出口，西班牙标准化和认证协会提供管理和产品质量支撑标准化认证服务，认证领域和范围涉及质量管理、环境管理、技术研发+信息化、安全与卫生、能源效率、工作或风险管理的社会责任等。目前，西班牙全国以“Q标准”作为各类产品和管理的质量标准，并统一使用认证标志。

此外，西班牙国家旅游局不隶属于政府行政管理部门，是按照西班牙相关法律设立的独立法人机构，旅游局（以及会议局）的管理职责、管理范围、工作内容、质量要求等，不是通过政府文件，而是由标准化文件来规定的，这个是西班牙旅游管理体制和旅游标准化的一大特点。

从标准化产业链来说，西班牙已经形成了较完备的需求—供给的产业链，西班牙的旅游标准化是受市场驱动，对于标准化对象和内容都非常具体和明确，是基于旅游业发展的客观实际和迫切需要。西班牙政府在旅游标准化工作中主要是推广质量标准化，即产品质量、服务质量和管理质量的标准化，提升西班牙旅游业在国际上的整体形象和核心竞争力；其经费来源于成员团体的会费、出版物发行收入和标准实施收入（如Q质量认证）。

从运行体制上来说，西班牙中央政府在旅游方面的大部分职权基本转移到各个大区政府。中央政府层面是通过国务秘书来推动落实国家旅游政策，国务秘书不仅要与部长合作，还要与现政府的各部长委员会开展合作。由于西班牙旅游管理体制是建立在市场化基础上的，遵循小政府大市场的治理原则，旅游标准化工作主要通过体制外的第三方组织来完成，重视与私营企业和社会团体的合作。

进入21世纪后，西班牙政府开始实施《2000—2006年西班牙全面旅游质量规划》（Plan Integral de Calidade de Turismo Espanol，PICTE），提出了“旅游服务质量体系基于ISO 9000标准，是各旅游部门、旅馆、露营地及滑雪胜地等普遍采用的标准，包括不同旅游服务的质量管理体系的设计与执行、对执行该体系的2700个公司提供支持、西班牙旅游质量学院（ICTE）、推广西班牙旅游质量标志（广告公司和宣传册）”。此外，还对各级各类的质量培训和旅游专业研究生培养和研究工作提供支持。

四、国际标准化的发展趋势

在国际标准化大家族里，工业标准占据着主体地位，这主要是与国际货物贸易有关。随着国际旅游业的发展，旅游作为服务业和服务贸易也日益受到各国的重视，国际旅游标准化的发展也呈现出与国际标准化相类似的特点，不同之处只是工业产品是有形产品，而旅游接待和服务是无形产品，工业产品离岸是出口，而旅游服务到岸才是出口。

目前，国际标准化发展呈现出下列六大趋势。

（一）各国标准趋同化，国际标准渐成主流

随着国际贸易迅猛发展和经济全球化，大大提高了对国际标准化的迫切需求。发达国家通过参与国际标准化活动，谋求国际标准与本国标准的协调一致，以便在国际贸易中取得优势地位。发展中国家则把采用国际标准作为突破贸易壁垒的重要手段，以发展本国经济。在相关方的共同努力下标准国际趋同步伐必将进一步加快。

（二）综合标准化与标准综合体建设

综合标准化是用系统分析方法针对具体的标准化对象及其相关要素所形成的系统进行整体标准化的方法。其主要目的是综合地解决提高产品质量的问题。综合标准化的实质就在于使那些能够保证产品达到最佳技术水平和质量水平的所有相关要素保持完整的系统性和最佳关系。综合标准化是以标准化对象的整体最佳效益为目标，对包括设计、工艺、原材料、零部件、半成品、配套制品、技术手段、生产准备、检验方法等综合考虑、进行整体标准化。综合标准化的基本特征是系统性、目标性和整体最佳化。

开展综合标准化工作，首先要求针对不同的标准化对象，制定一整套相互协调的标准技术文件，这一整套经过系统处理，能够保证对象整体最佳效果的标

准和标准技术文件称为标准综合体。它是综合标准化的物质基础。标准综合体按其性质可以分为两大类：一类是产品标准综合体；另一类是一般技术性标准综合体，主要是技术文件标准综合体。这两类标准综合体有机地结合起来，就形成完整而统一的综合标准化体系。

（三）标准化领域不断扩大，标准化重点转移

国际标准化从最早的材料工业开始，逐渐扩展到工业、农业工程建设和交通运输等领域，随着高新技术与信息化的发展，信息技术、生命科学、管理和服务标准化领域也成为国际标准化的重要内容，特别是服务业在很多国家成为国民经济的支柱产业，服务标准化更是成了标准化领域的新热点。

（四）国际标准数量不断增加，更新速度不断加快

随着经济全球化的发展和国际标准化的领域不断扩展，标准化引领作用不断显现，国际标准的数量不断增多，更新速度也会不断加快。

（五）国际标准与知识产权相结合

在高新技术领域，知识产权主要包括技术专利等往往与标准结合，从而增强企业的竞争能力。国际标准涉及面广，权威性高，一旦专利纳入国际标准，将使拥有知识产权的企业获取巨大效益。这也是各国努力制定并推行国际标准的重要原因。

（六）国际标准与联合国可持续发展目标

2015 年 9 月 25 日，联合国 193 个成员国通过了《2030 年可持续发展议程》的 17 个可持续发展目标（UN Sustainable Development Goals，SDGs）以及 169 个子目标。这些目标涉及生活中的方方面面，从消除饥饿、减少不平等、确保所有人共享繁荣，到在世界范围内构建可持续发展社区，这些目标致力于联合世界各地的不同力量，在 2030 年前，共同建设一个更加和谐、可持续发展的地球环境。ISO 也将这 17 个可持续发展目标作为衡量标准的价值依据（表 4）。

表 4　ISO 标准对可持续发展目标的贡献率

序号	可持续发展目标	涉及目标的相关标准	
		数量[1]	比例（%）
1	在世界各地消除一切形式的贫穷	362	1.50
2	消除饥饿、实现粮食安全、改善营养和促进可持续农业	560	2.32
3	确保健康的生活方式和各年龄段人群的福祉	3154	13.08
4	确保包容性和公平的优质教育，促进全民享有终身学习机会	564	2.34

续表

序号	可持续发展目标	涉及目标的相关标准	
		数量[1]	比例（%）
5	实现性别平等，增强妇女和女童的权能	199	0.83
6	为所有人提供洁净卫生的水资源	619	2.57
7	普及人人负担得起的清洁能源	947	3.93
8	促进经济增长和人人拥有平等、合宜的工作机会	2580	10.70
9	促进可持续产业，增强基础设施建设、推动创新	13365	55.41
10	减少地域不平等	566	2.35
11	可持续发展型城市与社区	2526	10.47
12	完善负责任的消费和生产模式	2825	11.71
13	立即行动起来，应对气候变化及其影响	1223	5.07
14	保护海洋、海洋生物资源及动物福祉	321	1.33
15	保护陆地生物资源和动物福祉	1109	4.60
16	促进社会和平、公正，并建立有效、负责和包容性的组织机构	184	0.76
17	为实现上述目标而团结协作，建立强有力的伙伴关系	2	0.01

注[1]：因一项标准可能同时符合多个可持续发展目标，存在重复统计情况，总数超过标准数量。
资料来源：据 ISO 官网的相关资料整理得出

由表 4 看出，ISO 标准涉及联合国提出的 17 个可持续发展目标中，“促进可持续产业，增强基础设施建设、推动创新”高居首位，其次分别是“确保健康的生活方式和各年龄段人群的福祉”和“完善负责任的消费和生产模式”，再次分别是“促进经济增长和人人拥有平等、合宜的工作机会”和“可持续发展型城市与社区”等。

这 17 个可持续发展目标与旅游可持续发展也是密切相关的，联合国世界旅游组织（UNWTO）也呼吁成员积极响应 SDGs。因此，这 17 个可持续发展目标无疑也是全球旅游标准化的发展目标和努力方向。

（作者单位：北京第二外国语学院，《旅游学刊》）

《中国旅游评论》征稿及合作启事

《中国旅游评论》是中国旅游研究院主办的季度连续出版物。面向旅游发展，注重理论和实践相结合，倡导根植实践的经验总结、问题探索和理论提炼，有思想、有温度、有品质，遵循学术规范，无须八股。

一、征稿启事

1. 常设栏目

高层讲话、旅游大讲堂、政策解读、高端论坛、企业家沙龙（经理人茶座）、案例评论、专题研究等。另根据需要设主题栏目。

2. 收录情况

《中国旅游评论》期刊是中国人民大学书报资料中心重要转载来源，入选 CNKI 中国期刊全文数据库。

3. 著作权授权声明

凡经《中国旅游评论》刊录的论文，其专有出版权、汇编权、改编权、广播权、翻译权、印刷权和电子版的复制权、信息网络传播权、表演权、数字版式设计权和发行权将转让予《中国旅游评论》编辑部。

4. 文责自负

本刊所发表的文章不代表编辑部观点，若发表的论文引起著作权纠纷，由作者自行负责，本刊不负任何连带责任。

5. 刊物邮寄

稿件刊出后，编辑部将于当月月底或次月初以快递形式向作者邮寄样刊两本。

6. 版面费和稿费

本刊不收取版面费，也不向作者发放稿费。

二、合作交流

以中国旅游研究院为主体，服务地方和企业，组织课题研究、专题讨论、大型会议、形象展示、总结推广、成果出版等，搭建旅游共同体交流的全新平台。

三、联系方式

联系邮箱： zglypl@126.com

zglypl@mct.gov.cn

联系电话： 010-85166171

010-85166163

传　　真： 010-85166055

责任编辑：刘志龙
责任印制：闫立中
封面设计：鲁　筱

图书在版编目（CIP）数据

中国旅游评论 . 2022. 第四辑 / 中国旅游研究院主编 . -- 北京 : 中国旅游出版社 , 2022.12
ISBN 978-7-5032-7087-1

Ⅰ. ①中…　Ⅱ. ①中…　Ⅲ. ①旅游业发展 - 中国 - 文集　Ⅳ. ① F592.3-53

中国版本图书馆 CIP 数据核字（2022）第 254027 号

书　　名：中国旅游评论：2022 第四辑

作　　者：中国旅游研究院　主编
出版发行：中国旅游出版社
（北京静安东里 6 号　邮编：100028）
http://www.cttp.net.cn　E-mail: cttp@mct.gov.cn
营销中心电话：010-57377108，010-57377109
读者服务部电话：010-57377151
排　　版：北京中文天地文化艺术有限公司
印　　刷：三河市灵山芝兰印刷有限公司
版　　次：2022 年 12 月第 1 版　2022 年 12 月第 1 次印刷
开　　本：889 毫米 ×1194 毫米　1/16
印　　张：9.5
字　　数：213 千
定　　价：45.00 元
I S B N　978-7-5032-7087-1
